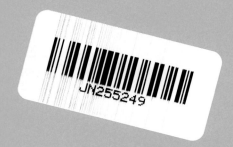

30歳からの人生設計

女の後半戦

イラスト：Eika

監修：白河桃子、芳川幸子、吉野一枝

幻冬舎

はじめまして！ 私、ナヤ美(30)!!
一人暮らし5年目で自由きままな
独身ライフ満喫中です!!
あああ〜 カワイイっ
カワイイよォ〜
休日はもっぱらアイドルのDVD鑑賞してマス♡
カップ麺
あっ
明日結婚式の2次会だっけ
ほほーい♡
この前、ボーナスで買ったこのドレス着ていこ♡
ムっ
明日の午前中美容院行くか…
明日は会費も高いし今月はきびしいぜ
当日
ナヤ美！
キャリ子！カツ代〜!!
ナヤ美
久しぶりね〜
カツ代
(30)
キャリ子
(30)
ナヤ美の
大学時代の友人

みんな結婚していくけど私はまだぜんぜん想像もつかないよ〜
早くない!?
あんたそれ大丈夫?
ちょっとヤバいんじゃない?
オヤ?
ヤ、ヤバいとは…
自分の状況もっとよく考えた方がいいわよ
もう決して若くはないという自覚は必要ね
私たちこれから人生の後半戦がはじまるのよ
…
そういえば! シッカリちゃん、マンション買ったって!
エ〜〜スゴイ!!
帰宅後
二人はあんなこといってたけど…私ってヤバいのかな…
ブーン
ON
すとん

家族旅行に行ったよ!
イイネ!
独立しました!
イイネ!
う〜ん
SNS久しぶりに
みたけど、
みんないつのまにか
大人としてのステップを
ちゃんと踏んでるナ…
今日
シッカリちゃん
マンション
買ったって
いってたなー
マンションって
そもそも…
いくら
くらい?
カタカタ
…
私と同い年の子が
こんな買い物
してるのかあ…
ぱたん
私、100万円くらいしか
貯金ないけど
これって…
もしかして
ヤバいくらい少ない?
ふあん 不安 ふあん 不安 不安 ふあん

ナヤ美の人生シミュレーション
まず私の人生の今後といえば
3年間つきあっている今の彼氏と結婚するとして…
貯金ぜんぜんないけど大丈夫かな？
あっちはどのくらいお金あるのかな？
もし…もし…
今の彼氏と別れちゃったらどうしよう…
無事に結婚できたとして
子どもは…？
子育てってどのくらいお金が必要なのだろうか？
START
¥???
¥??
¥??
GOAL!
大学
¥????

どう考えても
これからは
何をするにも
たくさんのお金がかかるよねぇ
ずしっ
これからもずっと
販売員です
元気に働ければいいけど
もしものことって
あるよね…
病気
ケガ
事故
もちろん
保険なんて
入ってないけど大丈夫かな
やっぱり
この貯金額じゃ
話にならない
よね…
通帳
みんなどのくらい
貯めてるんだろう
通帳
通帳
とにかくお金に対する意識は
ひぃ
今からでも変えていかなければ…
いつかはマイホームもほしいし
My Home
いらっしゃい♡
お金がんばって貯めなくちゃ!!

マイホームといってもマンションがいいのか
一戸建てがいいのかもよくわからないけど…
そもそもこんな私でも
BANK
ローンって組めるのかな？
組めたとして
BANK
ちゃんと返せるのかな？
いつまで今の仕事ができるのかもわからないし
資格とか必要だよねぇ…
でもでも…
子どもがいても続けられる仕事ってあるのかな
ヤバ…なんか不安で苦しくなってきた
はぁ　はぁ
お母さんお父さんに
相談しようかな…
あっ、でももし二人に何かあったらどうすればいいんだろう
ぽろ　ぽろ

もし介護とか
必要になったら
どうすればいいんだろう
その
お金は…？
うっ
ううっ
ふあんだあ〜
ふあんだよ〜
わああああああぁっ
不安で胸が
おしつぶされ
そうだよ〜〜
うぉおおお
どうしよう…
どうしよう…
うぐ……
ひっく
ひっく
ひくっ
少々たよりない
私ですが
このままでは
いけないと
本気で気づいて
しまいました
ちーんっ

わからないことは
しらべる
くわしい人に
聞く!!
大人だって
ずっと
勉強!!
泣いたって
何ひとつ
変わらない
私、人生の
後半戦を
生き抜いてやる
と、いうわけで
この本を手にとってくださっている
みなさまも、私と少なからず
似たような心境
なのでは…と思います
結婚、子育て、お金、マイホーム、
親の介護、老後…
30歳を過ぎた私たちの前には
私たちを不安にさせるものばかりです

けれどこれらはすべて実体がないから不安ばかり大きくなってしまうのではないでしょうか?
ならば1つずつ専門家にアドバイスをいただきながら
自分なりの向き合い方をさがしてみませんか?
「わからないことはしらべる」をモットーにしていきましょう
ナヤ美、この1冊を通して大人になりますっ
決意
…
決意
とはいえ…大変だ~
教えてインターネット!
一体何から手をつければいいのやら…
カタカタ
10分後
この衣装カワエエ~
大丈夫かな私…!!

登場人物

コマ子（29）

ナヤ美の妹。1児の母で、現在育休10か月。仕事と家庭の両立をめざしている。ナヤ美よりずいぶんしっかりしていて、ナヤ美の将来を心配している。

ナヤ美（30）

主人公。一人暮らし5年目で、アパレル会社の販売員。趣味は、女性アイドルを愛でること（交際3年の彼氏よりも夢中♡）。基本は能天気だが、悩みはじめると妄想力でへこむタイプ。

カツ代（30）

ナヤ美の友だち。専業主婦を夢見ながら、現実もしっかりみるタイプの女子。派遣社員という現状が不安で、これからどうすればいいかを学ぶ気まんまん。

キャリ子（30）

ナヤ美の友だち。大手企業に勤める、上昇志向バリバリ系女子。仕事ラブすぎて、結婚や出産に対してのあこがれは今のところない。マイホームの購入を検討している。

女の後半戦 もくじ

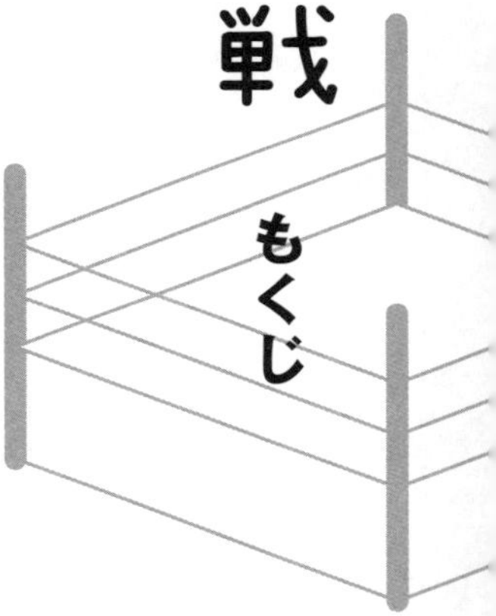

教えてくれた先生たち

1章 白河桃子先生

少子化ジャーナリスト

東京都生まれ、慶應義塾大学文学部社会学専攻卒業。
山田昌弘中央大学教授とともに「婚活」を提唱して、婚活ブームを起こす。女性のライフプラン、ライフスタイルなどをテーマに、執筆、講演活動を行う。『女子と就活　20代からの「就・妊・婚」講座』など著書多数。

Blog　https://ameblo.jp/touko-shirakawa/

2～6章 芳川幸子先生

ファイナンシャル・プランナー CFP®、
ゼットアップ・リサーチ（株）取締役

東京都生まれ、中央大学文学部卒業。
大学卒業後、自動車販売会社の営業職を経て税理士事務所に入所。10年以上就業後、ファイナンシャル・プランナーの資格を取得。人の未来を創造して貢献できる仕事に魅力を感じ、2005年に独立。以来お金を増やす専門家として、累計3000回以上の面談を行う。

HP　http://wincome.z-up.jp/

コラム 吉野 一枝先生

産婦人科医・臨床心理士、
よしの女性診療所院長

29歳の時、医学部受験を志す。32歳で帝京大学医学部入学。卒業後、東京大学医学部附属病院産婦人科を経てよしの女性診療所を開院。臨床心理士の資格もあわせもち、こころと体の両面からのケアを行う。

HP　http://www.drkazue.jp/index.html

1章 気がつけば結婚のタイミングを逃しちゃう!?

結婚は、タイミングがきたときにすればいいや…。
な～んて思っていたらもう 30 歳になっちゃった。
え？　受け身が許されるのは 20 代まで!?
彼と結婚の話なんてしたことないし
だからといって、今から新しい人を探すなんて…
一体どうしたらいいの!?

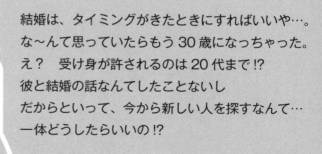

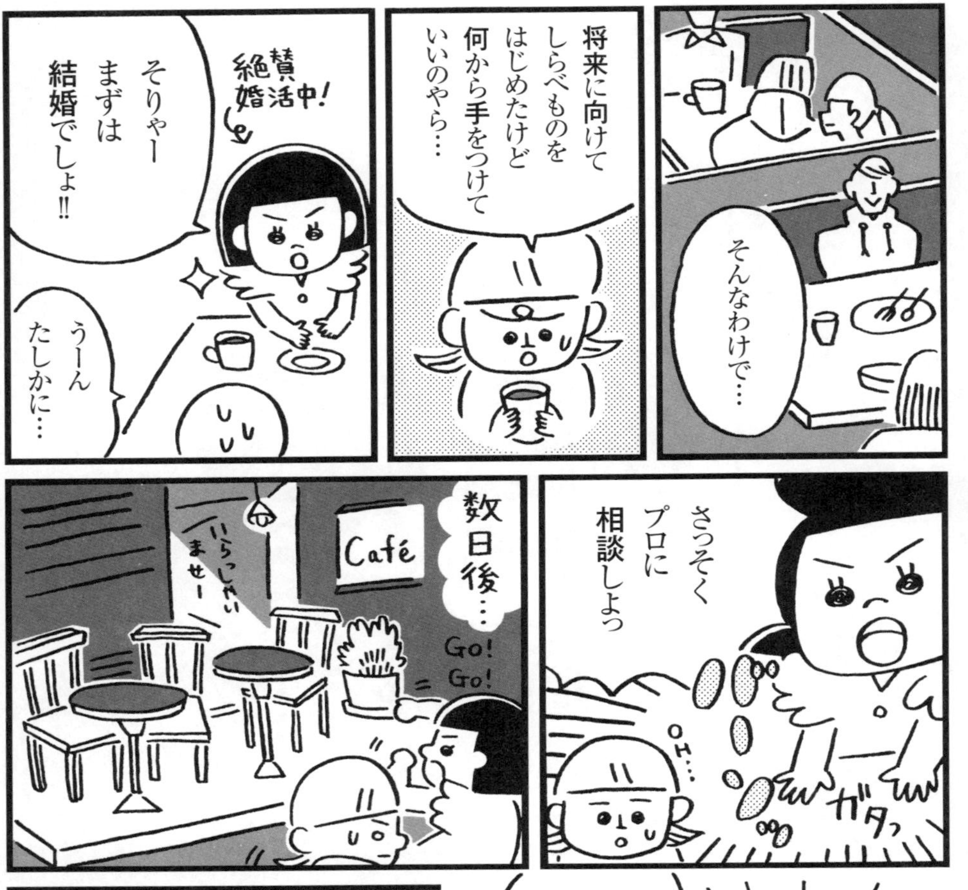
そんなわけで…
将来に向けて
しらべものを
はじめたけど
何から手をつけて
いいのやら…
絶賛婚活中!
そりゃー
まずは
結婚でしょ!!
うーん
たしかに…
さっそく
プロに
相談しよっ
OH…
ガタっ
数日後…
Café
いらっしゃいませー
Go! Go!
はじめまして
白河桃子です
少子化ジャーナリスト
白河桃子先生
ズバリ
私たち
どうすれば
結婚
できますか?
はいっ
ガタっ

急ぐ気持ちはわかるけど、大事なことは
どんな結婚をしたいかということです
えっ
???
?
どんな結婚…とは？
まずは、もっと視野を広げてみましょう
結婚よりも先に、子どもがほしいかを考えてみてください
ほしいなら結婚は早い方がいいですけど、どっちでもいいなら急がなくていいんですよ
BABY
子どもって急にいわれても…
うん…
もう1つ、結婚や子どもとは別に、自分の仕事…つまりキャリアについて考えてほしいですね
Career
でも私っ結婚したら専業主婦になりたいんデス‼
はっ
きっぱり
これからの時代、結婚したからって仕事をやめるのはかなりムズカシイですよ‼

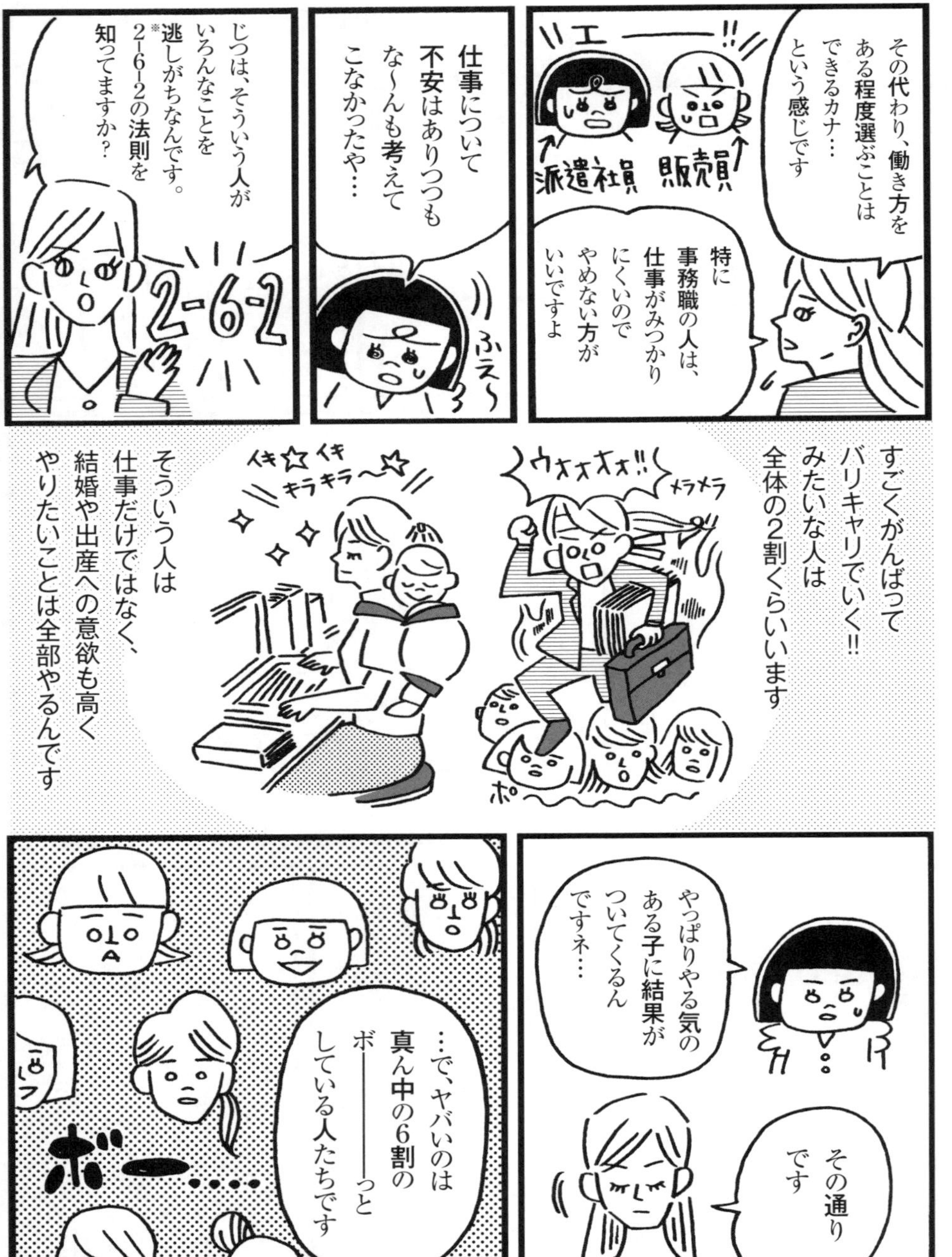
その代わり、働き方を
ある程度選ぶことは
できるカナ…
という感じです
エーーー!!
販売員
派遣社員
特に
事務職の人は、
仕事がみつかり
にくいので
やめない方が
いいですよ
仕事について
不安はありつつも
な〜んも考えて
こなかったや…
ふえ〜
じつは、そういう人が
いろんなことを
逃しがちなんです。
※2-6-2の法則を
知ってますか?
2-6-2
すごくがんばって
バリキャリでいく!!
みたいな人は
全体の2割くらいいます
ウォォォォ!!
メラメラ
ポ
イキ☆イキ
キラキラ〜☆
そういう人は
仕事だけではなく、
結婚や出産への意欲も高く
やりたいことは全部やるんです
やっぱりやる気の
ある子に結果が
ついてくるん
ですネ…
その通り
です
キッパリ。
…で、ヤバいのは
真ん中の6割の
ボーーーっと
している人たちです
ボーー…

※バリキャリ派が2割、どちらでもいい派が6割、絶対に専業主婦派が2割いる

仕事もそんなに好きじゃないし結婚したらやめるのもアリだな～とか…
うふふ
あはは
じつはこういう考え方の大多数がいろんなことを逃している一番ヤバい層です!!
ヤバい層
ガーン..
ヤバい
ヤバい
ヤバい
ヤバい…
まっ…まずはお金のことから考えてみましょうか!
強く言いすぎたかしら…
600
今、子育てをしている世帯の平均年収は600万円前後といわれています
600…
そうか…そのくらいなんですネ
自分の年収
相手の年収
250万円
300万円
世帯年収550万円
さっきの事務職の話ですが…
事務職で250万円くらいの年収があるとしましょう。その場合年収300万円くらいの人と結婚したら平均年収になりますよネ
じゃあ私は仕事をやめて年収600万円の人と結婚します♡というのはあまり現実的じゃないですからね

現実的では
ないとは？
年収600万円の人
は実際100人に
5人しか
いないのですよ
なので、自分が
どのような仕事を
続けていくかを
最初にきめておくと
あとが楽になりますよ
納得です…
ナヤ美さんが
今できることは、
長くつきあっている
彼としっかり
向き合うことね
まず、子どもを持ちたいのか、
持ちたいなら何歳くらいでなのかを
二人で話してみましょう。
相手につめよったり、まかせっきりにせず、
「私も働くから二人でがんばっていこう」
といえたら男性も向き合いやすいですよね
でも、結婚をして
子どもを産んだとして
今の仕事を続けられる
自信がナイです…
それは働いている
女性なら誰しも
抱く不安ですね
それでも結婚・出産で
うっかり仕事を
やめてしまうのは
危険ですよ!!

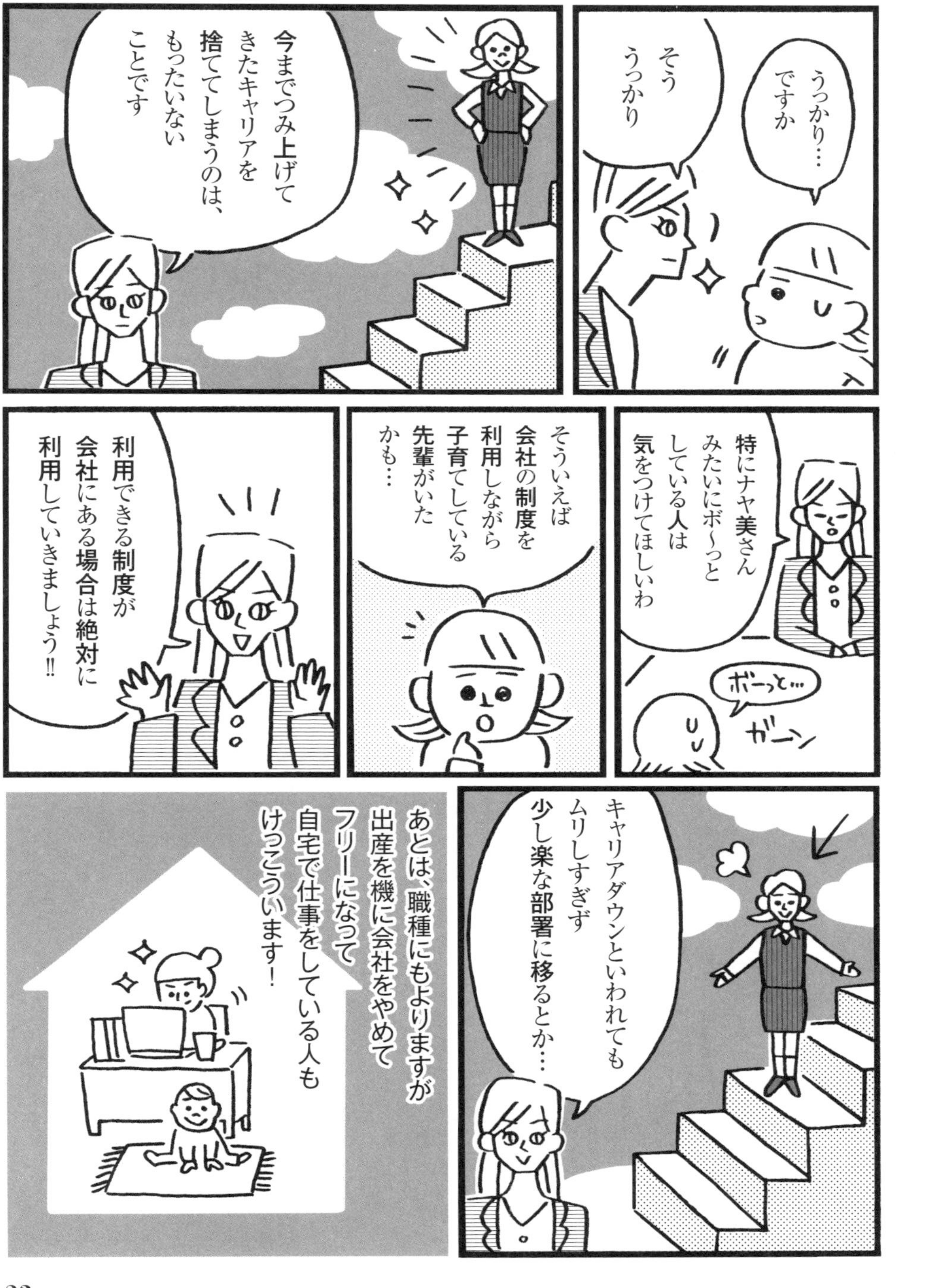
うっかり…ですか
そう うっかり
今までつみ上げてきたキャリアを捨ててしまうのは、もったいないことです
特にナヤ美さんみたいにボ～っとしている人は気をつけてほしいわ
ボーっと…
ガーン
そういえば会社の制度を利用しながら子育てしている先輩がいたかも…
利用できる制度が会社にある場合は絶対に利用していきましょう!!
キャリアダウンといわれてもムリしすぎず少し楽な部署に移るとか…
あとは、職種にもよりますが出産を機に会社をやめてフリーになって自宅で仕事をしている人もけっこういます!

とにかく仕事から完全に遠ざかるのはリスクが大きいということです
なるほど自分のペースで続けていくべきですね…
ずっとバリバリ…ではなく、ゆるく働く時期があっていいと思えたらいいですね
ハイ！私みたいに正社員ではなくそういう制度もないところで働いてて…
でも結婚したい…という場合は？
うんうん。そしたら今できることとして…
資格の勉強をはじめるのはどうかしら？
結婚相手が転勤のある仕事ならどこでも仕事がある国家資格は強みになります
TRANSFER!
B
A
また会社員でも全国に支社があるような大会社に勤めていると異動ができることもあります
どのような資格があるかかんたんにみてみましょう

役に立つ資格

【経理系】

- **簿記検定2級**：経理の仕事の求人で、よく求められるのが簿記検定2〜3級の資格。経理関係の仕事以外でも、経営管理に役立つ知識として、財務担当者には必須の資格。独学でもスクールに通って学ぶこともできる。

【看護・介護系】

- **看護師**：資格を取得するためには、最低3年学校に通い勉強しなくてはならないため、かなりハードルは高め。その分、安定した収入が期待できる上に、働き方も選べる仕事。どこに住んでいても求人があるというのも魅力的。
- **介護福祉士**：介護サービスの中心を担う国家資格。これからも多くの人材が必要となる介護関係の仕事に転職を希望している人のほか、現在介護職に従事していて、さらなるキャリアアップをめざしたい人にもオススメの資格。

【人事・総務系】

- **社会保険労務士**：社会保険や労働問題、年金に関するエキスパート。企業内で雇用や労働問題に関する手続きを担当するほか、将来は、独立して活躍することも。高齢化や働き方が多様化した現代では、我が身を守る知識を得ることもできる。

【その他】

- **宅地建物取引士**：不動産の売買や賃貸に関する仲介に不可欠な資格。試験は法律に関する問題も多く、取得は大変だが、宅建資格者がいないと、不動産業者は営業できないため、ニーズが高く、不動産業界への転職において有利となる。
- **TOEIC®**：ご存じ、語学関係の王道資格。英語のコミュニケーション能力を測るための世界共通のものさし。高得点を取得していると転職に有利になるのはもちろんのこと、外資企業をめざす人には必須の資格。

資格について
くわしくは5章へ!!

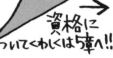

なんかやる気
わいてきた…
私、勉強
ガンバル!!
ぐっ
この調子で婚活も
がんばりたいので、
アドバイス
くださいっ
まずは、
今までの人生で
出会った人を
たどって
いきましょう
合コンや
パーティー
などは
どうですか？
??
そういった場では、
パートナーを
みつけたいという
共通項はあるけれど、
それ以外は何も
わからないですよね。
その中から相手を
みつけるのは難しい
かもしれません
結婚したいことを
みんなにいいまくること！
オープンにすることが
大事です。
同窓会には
必ず出てくださいね
あとはなんでもいいので
男性がいる場に
定期的に出かけてください。
趣味、ボランティア、勉強会…
インドア派には読書会などは
人柄がわかるのでオススメです。

定番ですが結婚式の2次会は重要な出会いの場です！
そのためにはお金も必要なので婚活費は用意しておいてください。自分への投資です
あとは…出会いの場ではどのようにふるまえば？
受け身はやめて自分からすすんで接することが大切です
30代だったら年下、年上、同い年にも可能性があるから、いい時期ですよね！
年上とのおつきあいがうまくいかなかった人は、次は年下にしたらうまくいくかもしれません。今まで結婚までいかなかったのであればぜんぜんちがうタイプとつきあってみるとか
いろいろみえてきました！まずは趣味の場をさがしてみます‼
で、ナヤ美あんたどーなのよ。彼との結婚どーするの？
うーん…彼からそんな話出たことないし…

彼氏がいるけど結婚までいかないという人は、相手のご両親に会うと一気に話が進んだりします
ドキドキ
やっぱりそれが一般的ですよね～
そうです！
無理してでも会うと、そこからトントン拍子に進んだりしますよ
Bridal Fair
あとはブライダルフェアにいっしょに行くのもオススメです！式場の人もいっしょに話を進めてくれますよ～
まっているだけでは何も進まないですよね…
たとえば彼が非正規社員で結婚を悩んでる場合とかは？
もし自分が正社員だったら「私もがんばるから」と説得して結婚してもいいと思いますよ
だからこそ最初にいったように自分の仕事をしっかり見直すのが大事なんですよ‼
ねー！
納得です…

え〜
とにかく
覚えてほしい
ことがあります
コホン
受け身が
許されるのは
20代までっ
くわっ
大事なところですよ
覚えましたか？
受け身が
ゆるされるのは、
20代まで…
ハイ…
60〜80年代は
女性が受け身でも
男の人は口説いて
くれましたし
ボーっとしてても
人生きまってましたが、
今の時代それが
許されるのは
20代までですね
80'sgirls
そうですよね…
私たち、
昔の女性とは
状況が
ちがいますよね…
ハハ…
その通りですっ!!
受け身のままだと
いつまでも順番なんて
めぐってきませんよ!!
今、時間が
あるのなら
資格の勉強や、
正社員登用、
婚活など、
いろんなことに
チャレンジ
してくださいね！
大丈夫!!
まだできることは
たくさんありますよ！
ハイ!!
ありがとう
ございました!!!!

私たち甘かったネ…
だねェ…
とにかく私は資格を取るために勉強をがんばる！そして目的を持って出会いをさがす!!
メラメラ…
トホホ…
私もあとまわしにしてたことばかりだったし、そろそろ現実と向き合わないとな…
そーよ！ナヤ美、まじでしっかりしてネ！
ねぇホントに…
そのよる…
はぁ～
疲れたなぁ。こんなときはライブDVDみて癒やされよう…
よいせっ
…
カタカタ…
私も…なんか勉強はじめようかなぁ

2章

いつか出産したいけど、子育てできるか不安！

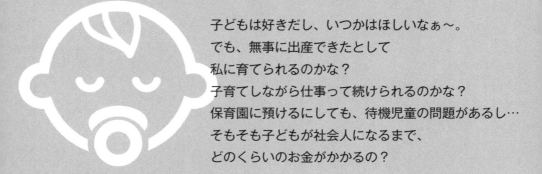

子どもは好きだし、いつかはほしいなぁ～。
でも、無事に出産できたとして
私に育てられるのかな？
子育てしながら仕事って続けられるのかな？
保育園に預けるにしても、待機児童の問題があるし…
そもそも子どもが社会人になるまで、
どのくらいのお金がかかるの？

ウォ〜
イテテ…
キャッ
キャッ
ブンブンっ
お姉ちゃん
今日はきて
くれてホント
ありがとうね〜
コマ子(29)
ナヤ美の妹。
現在育休10か月
いえいえ
とんでもナイ〜
ところでコマ子、
育休はいつまで？
そろそろ仕事に
戻るでしょ？
あと2か月で
育休おわる
けど…
…じつは
まだ保育園
きまってナイ
えっ!!
どうすんの？
育休延長??
孫
LOVE!
ドーゾ
ドーゾ!!
イイヨ
イイヨ!!
しばらくはお父さんと
お母さんに協力して
もらって……
認可外でもいいから
さがしてる…
ハー
そっか…
お父さんたちが
近所にいるんだし、
とりあえずは
心強いね

バイバーイ
ありがと〜
コマ子なら大丈夫だと思うけど…
やっぱり子育てしつつ働くって大変だナ…
…
…
でも、私だったらどうするかなぁ。産んだとしても、地元に帰るつもりはないし、彼の地元も遠いし…
だったら仕事をやめて幼稚園に入るまで子育てに専念する？
やっぱり保育園に預けないとなぁ。お金もかかるよね。認可外っていくらかかるんだろう
でも、うっかり退職して正社員をやめるのはもったいないって白河先生が言ってた
そもそも出産・子育てってどのくらいお金がかかるの？
うん なんにもわかんない
HEY!
わかんないことはプロに聞くのが一番!!
カタカタ
妹のためにも！

お金と生活の計画のことはファイナンシャル・プランナーさんだよね！
子どもはお母さんがみてる！
うん。私もいろいろ聞きたいから今日はよろしくね！
しかしプロに相談だなんてお姉ちゃん変わったねー
フッ
私も少しは大人になったのだよ、妹よ
ピンポーン。
こんにちは、はじめまして‼
ファイナンシャル・プランナー
芳川幸子先生
まかせてネ‼
よろしくお願いします
さっそくなんですが…私は独身ですが子どもはいつかほしいという気持ちはあります。でもお金がかかるという漠然とした不安があります…
メモ
うんうん。何にどのくらいお金がかかるかを1つずつ考えていきましょう！
大丈夫‼
は〜お金〜‼不安だな〜お金！
お姉ちゃんあんまり貯金ないんだろうナ…
ではまず出産費用について！

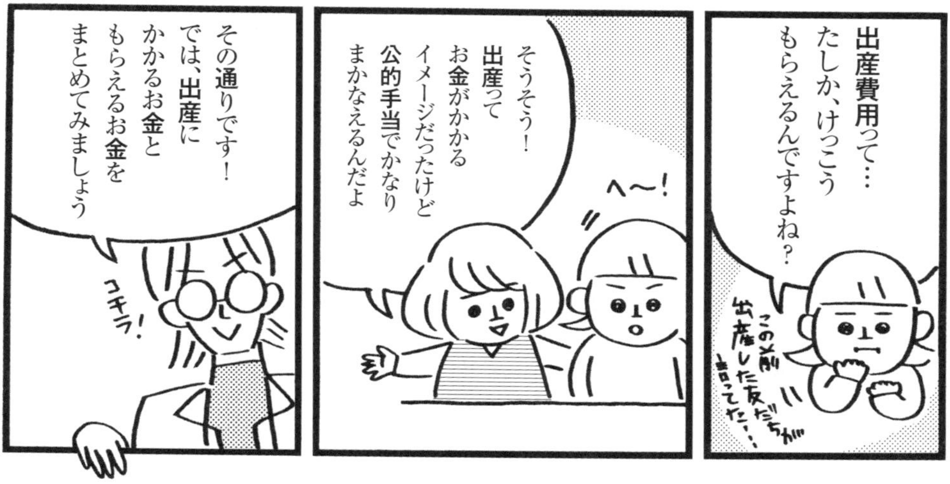

出産にかかるお金

●妊婦健診費

1回あたり5000〜1万円×約14回分

●分娩・入院費

約45〜50万円

●新生児の検査費用

3〜5万円

●その他

マタニティ・ベビー用品費など

出産でもらえるお金

●出産育児一時金

健康保険、国民健康保険に入っていると、妊娠4か月以上の赤ちゃん1人につき42万円（産科医療補償制度に加入していない医療機関の場合は40万4000円）がもらえる（妻を扶養している夫からの申請も可能）。

●出産手当金

健康保険に加入している場合、産休中に平均日給の2/3が支給される。

※くわしい計算方法は41ページで紹介

へ～すごい！
こんなにもらえるんですか‼
？
このお金はあらかじめ用意しておいて、あとから戻ってくるのですか？
いえ、現物給付で受け取ったり、差額だけ支払えばよいものもあります。具体的に説明しますね
まず妊娠がわかったら妊婦は定期的に健診に通います
初期は4週に1回
中期は2週に1回
36週目以降は週に1回が望ましいとされていて、合計すると約14回ほど受けることになります
First trimester: once/4weeks
Second trimester: once/2weeks
After 36 weeks: once/week
健診は、1回につきいくらかかるのですか？
医療機関によって異なりますが
だいたい5千円から1万円くらいです。保険は適用されません
病気じゃないからネ。
妊娠が確定すると、母子健康手帳といっしょに妊婦健診の受診券をもらうので、これを医療機関の窓口に提出するとその場で健診費の助成が受けられます

その場で助成を受けられるのは助かりますね!!
そうですね!! ただ、自治体によっては自分で手続きをしてあとから戻ってくる場合もあります
助成額も自治体で異なりますが初回は8千円、次からは5千円のところが多いようです
初回：¥8000
次回から：¥5000
事前に住んでいる地域の役所のHPをみておくことが大事です
そして…次はいよいよ…出産ですね
ゴクリ…
出産では「出産育児一時金」として子ども1人につき42万円が支給されます！
42万円
普通分娩の場合、出産にかかる費用は45~50万円とされているので、大部分はこの手当でまかなえますね
22週未満の早産や産科医療補償制度に加入していない機関での出産は40万4千円の支給です
手当の受け取り方法は3種類あります
・早産
・未加入機関での出産
↓
40万4000円

出産育児一時金の受け取り方法

①直接支払制度

産院で手続きをすると、健康保険組合・国民健康保険等から直接病院に42万円が支払われる。退院時に窓口で支払う費用は一時金を上回った差額だけとなる。費用が42万円に満たなかった場合は、申請すると差額が戻ってくる。

②受取代理制度

出産する予定の産院から出産育児一時金制度の申請書をもらう。その申請書を国民健康保険に加入している人は各市区町村の役所へ、健康保険に加入している人は勤務先の保険組合に提出する。対応できる産院とできない産院があり、事前申請が必要。

③出産後、お金を請求する

出産にかかったお金を産院の窓口で自分で支払い、その後、申請書を提出してお金を請求する。一度立て替えたお金があとで戻ってくる。

帝王切開にかかる費用の例

入院期間を8日として…

①帝王切開手術料　22万2000円

※このうち、自己負担は3割の6万6600円！　さらに、保険適用分の医療費の自己負担分が1か月の限度額を超えた場合、超過分は戻ってくる！

②分娩介助料（健康保険適用外）　約25万円

③入院料（健康保険適用）

1日約1万9000円×8＝約15万2000円

④新生児管理保育料　約5万円

⑤検査・薬剤料　約1万3000円

⑥処置・手当料　約1万5000円

⑦産科医療補償制度　約1万6000円

合計：約56万2600円

公益社団法人国民健康保険中央会「平成28年度　正常分娩分の平均的な出産費用について」を参考に算出

たとえば実際に
帝王切開をした
場合にかかるお金は…

個人差はある
けど、普通分娩と
そんなに
変わらないんですね！
ほ〜
メモ

◎退院時に直接支払制度を利用すれば、出産育児一時金42万円を差し引いた金額だけを用意すればよい。
→全額自己負担の普通分娩と医療となる帝王切開では個人差はあるものの、あまり変わらない！

◎他にも、加入している医療保険を確認して「医療費控除」として確定申告をすれば税金の還付もある。

他の妊娠・出産で
保険が適用される病気や
処置は次の通りです

【妊娠中】
- ●つわり
- ●切迫流産／流産
- ●切迫早産／早産
- ●子宮頸管無力症
- ●妊娠高血圧症候群
- ●逆子や前置胎盤などの超音波検査
- ●児頭骨盤不均衡かどうかしらべるX線検査
- ●前期破水　など

【出産】
- ●陣痛促進薬の使用
- ●止血のための点滴
- ●吸引分娩※
- ●鉗子《かんし》分娩※
- ●赤ちゃんが新生児集中治療室に入る場合　など

たまひよ net　http://st.benesse.ne.jp/ より

※妊娠・出産の処置は原則として自由診療になるため、産院によっては健康保険の対象にならないケースもあります。

個人病院の個室（5日間入院）での出産の場合

健診料（持ち出し分）	2万4000円
吸引分娩料	8000円
個室ベッド料	3万円
出産育児一時金以外の持ち出し分	6万2000円

私の場合、妊娠から出産までかかった自己負担額は6万2千円でした‼

そのくらいですむんだ！
ホホウ!
案外、手当でまかなえるもんなんだね‼
そうだよ〜！
でも、いくら手当がもらえるからって産休・育休中は収入がなくなってしまうのが不安です…
その点もじつはあまり心配ありません
ユラリ
フフフ…
産休・育休中の収入をサポートする手当もあるんです！
ほおおおそんなものまであるんですかッ
ガタタ
お姉ちゃんお金の話にはがっつくな〜

もらえる金額の計算方法

（例）給料が毎月18万円の場合

18万円÷30＝6000円

6000円×2/3＝4000円

産休は出産予定日前後の98日と
定められているので
4000円×98日＝39万2000円
もらえることになる！

まず、産前産後休業
の間の収入が
サポートされる
「出産手当金」です。
健康保険に加入
している人なら、
誰でも
もらえます！

産前産後休業の日数の数え方

もらえる期間は
出産予定日を基準に
産前6週間
産後8週間の
合計98日間です
98DAYS

●出産が予定日より早い場合

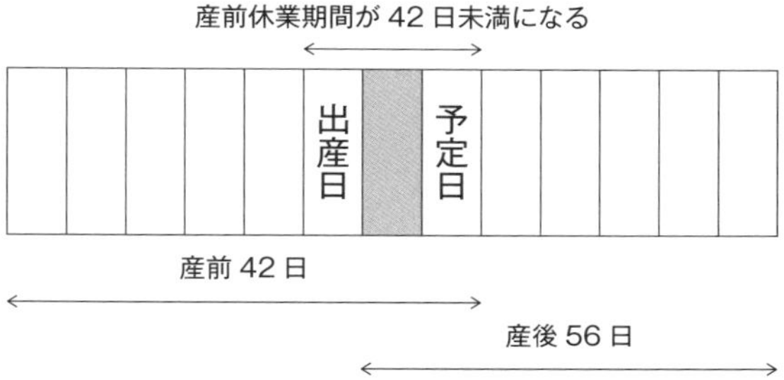
産前休業期間が42日未満になる
出産日
予定日
産前42日
産後56日

●出産が予定日より遅かった場合

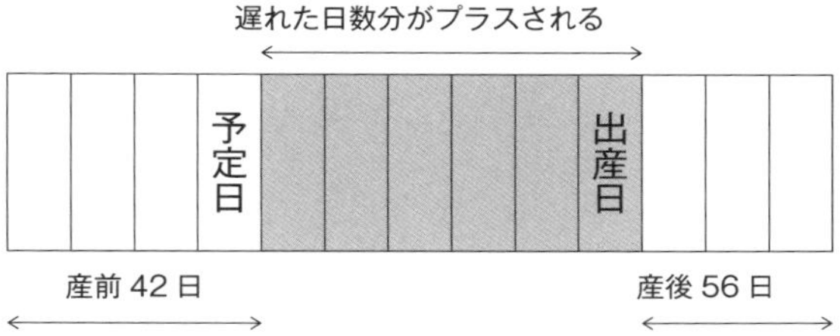
遅れた日数分がプラスされる
予定日
出産日
産前42日
産後56日

お産はコントロール
できないけど、
予定日より遅い方が
少しオトク
なんですネ！
!!

※産後＝出産の翌日から

給付対象となる人

- ●雇用保険に加入している人
- ●育児休業開始前2年間のうち、1か月に11日以上働いた月が12か月以上ある
- ●休業中に賃金の支払いがないか、支払われていても休業前の賃金の8割未満である
- ●就業している日数が各支給単位期間ごとに10日以下である

次に育休中の給付金
「**育児休業給付金**」です。
これは、**雇用保険**から
支給されるお**金**で、
育休中なら**母親**でも
父親でももらえます

育休は**原則**子どもの
1歳の誕生日前日まで
だけど**事情**によっては
1歳6か月まで、さらに
最長2**歳**まで**延長**
できて**給付金**も**延長**
できるんだよ！

もらえる金額の計算方法

育児休業給付金の金額は
育児休業開始から180日目まで→月給の67%
育児休業開始から181日目以降→月給の50%

（例）**月給が20万円の人が10か月間育児休業を取得した場合**

・育児休業開始から180日目
1か月＝20万円×0.67＝13万4000円
月々13万4000円×6か月分＝80万4000円

・育児休業開始から181日目以降
1か月20万円×0.50＝10万円
月々10万円×4か月＝40万円

（13万4000円×6か月）＋（10万円×4か月）
＝**120万4000円**もらえる

パパ・ママ育休プラスの例

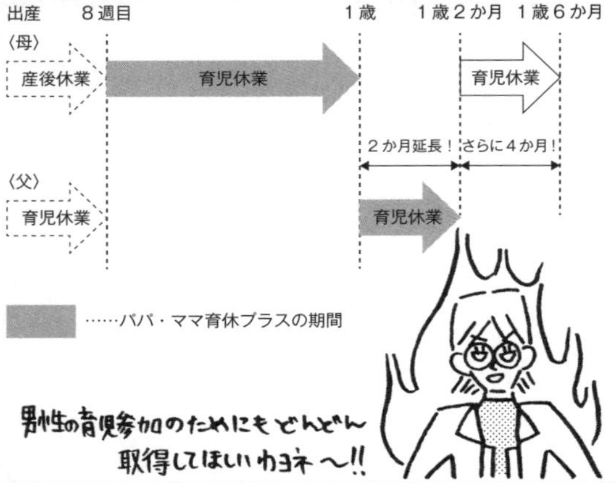
出産
8週目
1歳
1歳2か月
1歳6か月
〈母〉
産後休業
育児休業
育児休業
2か月延長！
さらに4か月！
〈父〉
育児休業
育児休業
……パパ・ママ育休プラスの期間
男性の育児参加のためにもどんどん
取得してほしいわヨネ〜!!

ちなみに、夫婦で共に
育休を取得する場合は
パパ・ママ育休プラス制度
というものがあり、
1歳2か月まで
延長できます

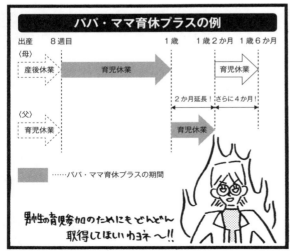

注意点

- 産休と育休は別々に手続きする
- 産休の分は産休期間中に、育休の分は育休期間中に手続きが完了しないと免除を受けることができない

産休・育休中で収入が減っているときの保険料ってどうなるんですか？
それも心配することなかれ!! 健康保険料と厚生年金保険料はその間は免除されます！

は〜情報量すごいけどとにかくいろいろもらえるみたいでよかったぁ〜
お姉ちゃん！ここからなのッ！
くわっ
次にやってくる問題…それが…
保育園の問題!!
入れないヨー!!

いっぱい
いっぱいです
いっぱいです
いっぱい
いっぱい
いっぱい
いっ
いっぱいです。
です
いっぱい
仕事に復帰するか退職して育児に専念するかって何を基準に考えたらいいのでしょうか？

もちろん、お金のこともあるけれど子どもが生まれたらなるべくいっしょにいたいと思う方もいますよね

そうですね…
全部、各自の選択なんですよね。仕事への復帰は長期的にみればキャリアを中断しない1つの選択肢
COMMUNITY
その人の体力、目的、あとは家族の協力があるかどうかです。困ったときは家族以外の人でも頼れるのが理想ですけどね
たしかにシッターなどはお金もかかりますが、自分がどうしたいかが大事です
「子どもと仕事」の間でつらい思いをしている人も多いですが、この時期を乗り越えればどうにかなるものです
○○保育
「この時期を」というのは何歳くらいまででしょうか？
幼稚園に入るまでかな…3歳くらいになれば、なんとか状況もおちついてきます
延長保育もあるし、あとはママ友も大事です！お互いに協力しあえますからね！

万が一
近くに安心して
預けられる
ところがない！
というときは
どうすれば…？

緊急時は
祖父母（ご両親）
ですね！
タクシーで
預けに行くか
きてもらう人も
多いですよ

昔は働くお母さん
といえば、自宅がお店や
三世代同居の
場合の母親でした。
今は核家族化で、
ご両親に預けるのも
難しい状況です

あとは病気のときなら
病児保育施設に
登録しておく
という手もあります。
市区町村への申請により
利用額の一部を
助成金として
受け取ることが
できます

病児保育の施設の種類

- 医療機関併設型
- 単独型
- 保育園併設型
- 乳児院併設型
- 派遣型
- 児童養護施設併設型　など

一般社団法人全国病児保育協議会 HP より

地域によって施設数や利用料、
助成金などにちがいがあるので、
住んでいる場所の
病児保育事業を確認したり
近くの児童行事に参加して
情報交換したりするのも大事です

いろんな団体が
あるんですね。
さっそく近くに
何があるか
しらべます！
メモメモ！

認可外・認証保育園の保育料補助金

認可保育園の空きがなく、認可外・認証（認定・保育室などという場合も）保育園に子どもをあずけたい人のための補助金。各自治体が独自の金額と方針を打ち出している。補助が手厚い自治体の例としては、東京都杉並区では規定の住民税額（もしくは第3子以降）によって、月額6万7000円がもらえる。

私立幼稚園就園奨励費補助金

公立幼稚園に比べて月謝が高い私立幼稚園に通う子どもを持つ家庭を対象にした補助金で、月謝の一部を市区町村の自治体が負担してくれる。公立幼稚園と同じくらいか、プラス程度に月謝を抑えられる可能性も！　ただし、プレ・スクールや幼児教室などは認められず、公立幼稚園の定員に余裕がある地域は実施していないところもある。

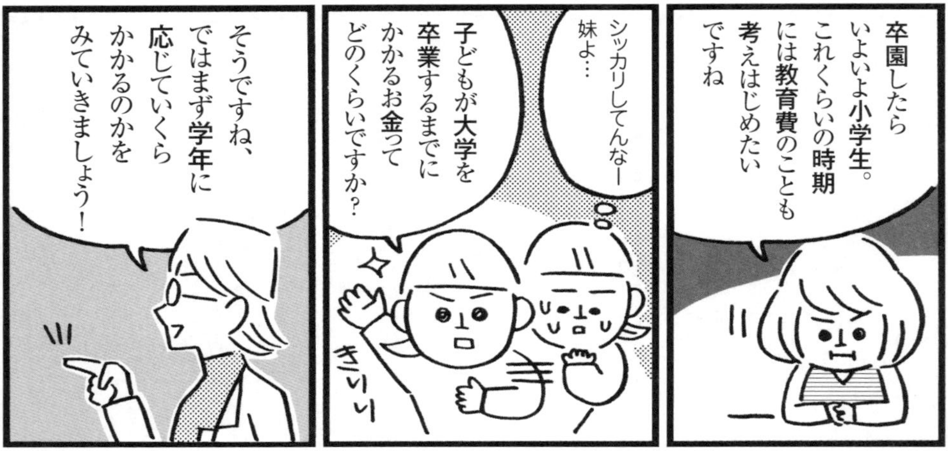

子どもの１年間にかかる平均学習費（学校教育費、給食費、学習塾・習い事等の費用を含む）

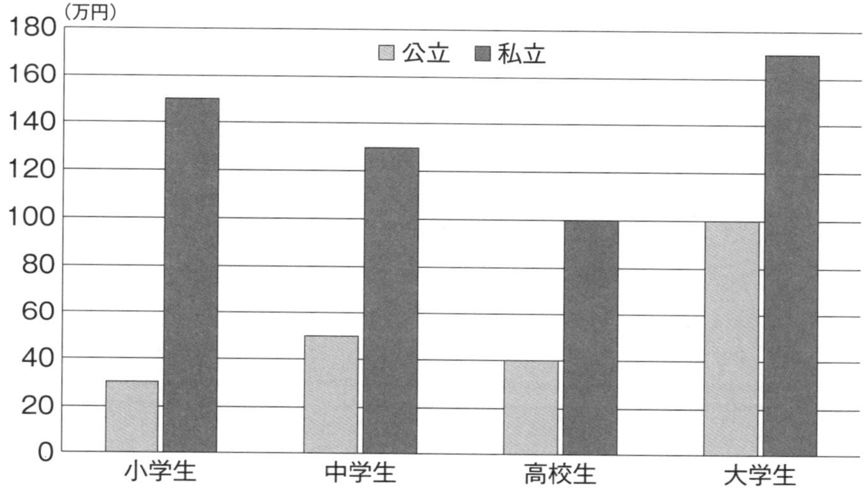

小学生～高校生は文部科学省「平成28年度　子供の学習費調査」より、大学生は日本政策金融公庫「平成28年度　教育費負担の実態調査結果」より算出

※ FP…ファイナンシャル・プランナーの略

子どものために貯めてあげたいと思うけど
いつかはマイホームもほしいし…老後の資金も必要だし…
ぐぬぬ
教育費に関しては私、学資保険で貯めようと思ってます。ママ友も入ってますし！
うーん…まずはその考えから一度見直した方がいいわね…
えっ!?
学資保険に入る目的ってなんですか？
教育資金を貯めるためです…
でもお金を貯めるのに保険っておかしいと思わない？
あっ
!!!
昔は学資保険の利率が高かったのですが、今は18年続けても10%上のせくらいがほとんど。つまり100万円が18年間で110万円になるだけなんです
18years
100万
110万
あれ？
＋10万円
保険はあくまで保険。お金を貯めるのに最適な方法ではないと思いませんか？
パアア…
…目からウロコ…
ウロコ

たしかに今まで
なんとなく
学資保険に
入ればいいと
思いこんでた…
ジャアジャア!!
学資保険より
オトクな貯金方法には
どんなものが
ありますか!?
ガタッ
貯金については
次の章で解説するので
まず子どもの教育で
もらえるお金があることを
知っておきましょう!
中3
小1
月3万〜5万円
47ページのグラフを
見直してみると、
小1から中3までに
かかる学費は
公立なら
塾代も含めて
月3〜5万円
とわかります
塾に行かなければ
もっと安く
なりますね…
でもさすがに中3で
受験生になったら
通わせたいな…
じつは自治体によっては
塾代をサポートしてくれる
制度もあるんです
SUPPORT
スゴーイ!
へー!!!
そんなもの、私が
子どものときは
なかったなぁ!!
受験生チャレンジ支援貸付事業
東京都内に住む中学3年生、高校3年生で進学を希望する人(保護者)を支援する制度。一定の基準に満たない収入の家庭で、塾の費用や高校・大学の受験料を無利子で借りられる!
もちろん収入によって
条件はありますが、
東京都の場合は
上記のように
無利子で貸し付けて
もらえます

母子父子寡婦福祉資金貸付金制度の修学資金貸付

1人親家庭の父母が、子どもの就労や就学で資金が必要となったときに、無利子でお金を借りられる制度。修学資金とは、高等学校、大学、高等専門学校や専門学校の就学に必要な資金。

高校生になったら
いよいよお金が
メッチャかかりそう
ですね！
高校もよく授業料の
無償化という話を
聞きますが、
どうなんでしょうか？
授業料は本当に
かからないんでしょうか？
公立は授業料の無償化が
進んでいます。
じつは私立でも助成金を
もらえたりして
授業料の
差が小さく
なっているんです
公立
私立

高等学校等就学支援金制度

市区町村民税所得割額が年収約910万円以上の世帯以外は、高校の授業料が実質無償となる制度。国公私立問わず、高等学校に通う子どもがいる世帯が対象となる。

【もらえる金額】

公立高校	全日制	月額 9900 円
	定時制	月額 2700 円
	通信制	月額 520 円
私立高校	全日制／定時制／通信制	月額 9900 ～ 2 万 4750 円

私立校を受けたい！
というときにも
とてもありがたいわよネ！

私立高等学校等授業料軽減助成金

高等学校等就学支援金制度にプラスして、私立高校に通う生徒の保護者を対象とした助成金。ただし、年収約910万円以上の家庭は対象外となる。

【もらえる金額（平成 29 年度の東京都の例）】

対象世帯	軽減額（年額）
生活保護世帯	14 万 5000 円
平成 29 年度の住民税が「非課税」または「均等割のみ」の世帯	14 万 5000 円
平成 29 年度の住民税のうち市区町村民税所得割額が、年額 5 万 1300 円未満の世帯	20 万 4400 円
平成 29 年度の住民税のうち市区町村民税所得割額が、年額 15 万 4500 円未満の世帯	26 万 3800 円
平成 29 年度の住民税額が一定の基準以下の世帯	32 万 3200 円

たとえば、年収 500 万円の家庭が、東京都の全日制の私立高校に子どもを 1 人通わせる場合、市区町村民税所得割額は 15 万 4500 円未満となるので、国から年額 17 万 8200 円（基本額の 1.5 倍）、東京都から年額 26 万 3800 円の合計 44 万 2000 円の支給を受けることができる！

大学進学にかかるお金

	国公立	私立（理系）	私立（文系）
入学先別入学費用 （受験費用・学校納付金・入学しなかった学校への納付金）	79万7000円	120万1000円	95万9000円
1年間の在学費用 （授業料・通学費・家庭教育費等）	101万3000円	189万9000円	149万8000円
自宅外通学の準備費 （敷金・家具購入費等）	平均41万円		
自宅外通学の場合の1年間の仕送り額	平均145万1000円		

日本政策金融公庫「平成28年度　教育費負担の実態調査結果」より

自宅から国公立大学に通う場合は4年間で**約485万円**
自宅外から私立理系大学に通う場合は4年間で**約1500万円**かかる!!

奨学金の種類

給付型	●返還する必要がない
貸与型(無利子)	●返還する必要がある ●無利子で借りることができる
貸与型(有利子)	●返還する必要がある ●有利子で返還する

大学や自治体による奨学金の例

大学や自治体独自で制度を用意してるところもあります。
行きたい大学、住んでいる地域にどんなものがあるかしらべておきましょう！

一般財団法人守谷育英会

東京都内の高校生・高専生・短大生・大学生・大学院生に月額3～10万円の奨学金を給付。

電通育英会大学奨学金（給付型）

対象の公立高校の3年に在学し、財団指定の大学に進学した学生に月額6万円の奨学金を給付。

早稲田大学の **めざせ！都の西北奨学金**

首都圏以外の国内の高等学校から早稲田大学に進学を希望しているものの経済的に厳しい者に、春学期分授業料が免除される。

常陸大宮市奨学資金

大学に在籍していて、保護者が常陸大宮市に3年以上住所を持っている者に月額5万円以内を貸与。

など

でも、返還するのがとても大変というイメージが…少ない収入で返済に苦労している友だちの話もよく聞きますし
仕事…
仕事……
フラフラ
あくまで1つの手段だと思ってください。なるべく奨学金に頼らないようにするため、次は貯金について考えてみましょう！
いよいよオトクな貯金方法が…♡

3章 貯金はお給料何か月分？ 私にぴったりの保険はどれ？

毎月毎月、生活費は赤字。
貯金しようとは思っているんだけど、
ついつい使い切っちゃうんだよね。
でも…もし、仕事をクビになったり
病気になったりして収入がなくなったら？
考えたら、急に不安になってきた…。
無理なくお金を増やす方法とかないかな！

※知るぽると（金融広報中央委員会）「平成 29 年　家計の金融行動に関する世論調査」［単身世帯調査］［二人世帯調査］より

どうしたら…
どうしたら私
今からでも
貯金できますか！
今からでもお金が
増えるシステム
とかないですか！
きりり
人の貯金額を知って
焦るより、自分が
どうすればいいのかを
考えましょう
まずまったく
貯金がない
という人の場合
ハイ！
直近3か月の収入と支出を洗い出します
家計簿
レシートください
レジ
レシートあつめ
特別な出費
（冠婚葬祭等）を
のぞいて月々いくら
貯金にあてられるか
検討します
「飲み会代も車代も、
出費のどれも削れない」
というのは貯められない
人の特徴ですよ！
ウェ〜〜イ
貯められない
自分を変えて
いかないと
ですね！
たとえば毎日のコーヒー代
400円でも週5日、
1か月続けたら8000円に！
そういう小さなところから
削っていきましょう
COFFEE
NEW
NO

給料日デース
次にその貯金額が毎月の給与から自動的に引き落とされるシステムをつくりましょう。積立定期預金や会社の財形貯蓄でもOKです
会社
①
¥
バイバイ
Welcome
②
¥
貯金用
いつもの口座
クレジットカード払いが可能な積立金や積立投資もあります。クレジットの支払いなら優先的に「支払わないと！」となるのでオススメです
よしっ
明細
CREDIT
会社の財形システムなら、目的が限定されている住宅財形や財形年金より、用途が限られない一般財形がいいでしょう
オナシャス!!
はーい
会社
「いつか」払いでは貯められません。強制貯金として、まずは雪だるまでいう芯の部分をつくりましょう
フッフッ
貯金
貯金
でも金額の設定は無理のないように！
現実的でない金額にして生活ができなくなっては元も子もありません
つらい
グー……
無理は禁物ですね！
メモ
とはいえ今まではあるだけ全部使ってたからナ…
ハハハ
ライブ….
のみ会….
かいもの…

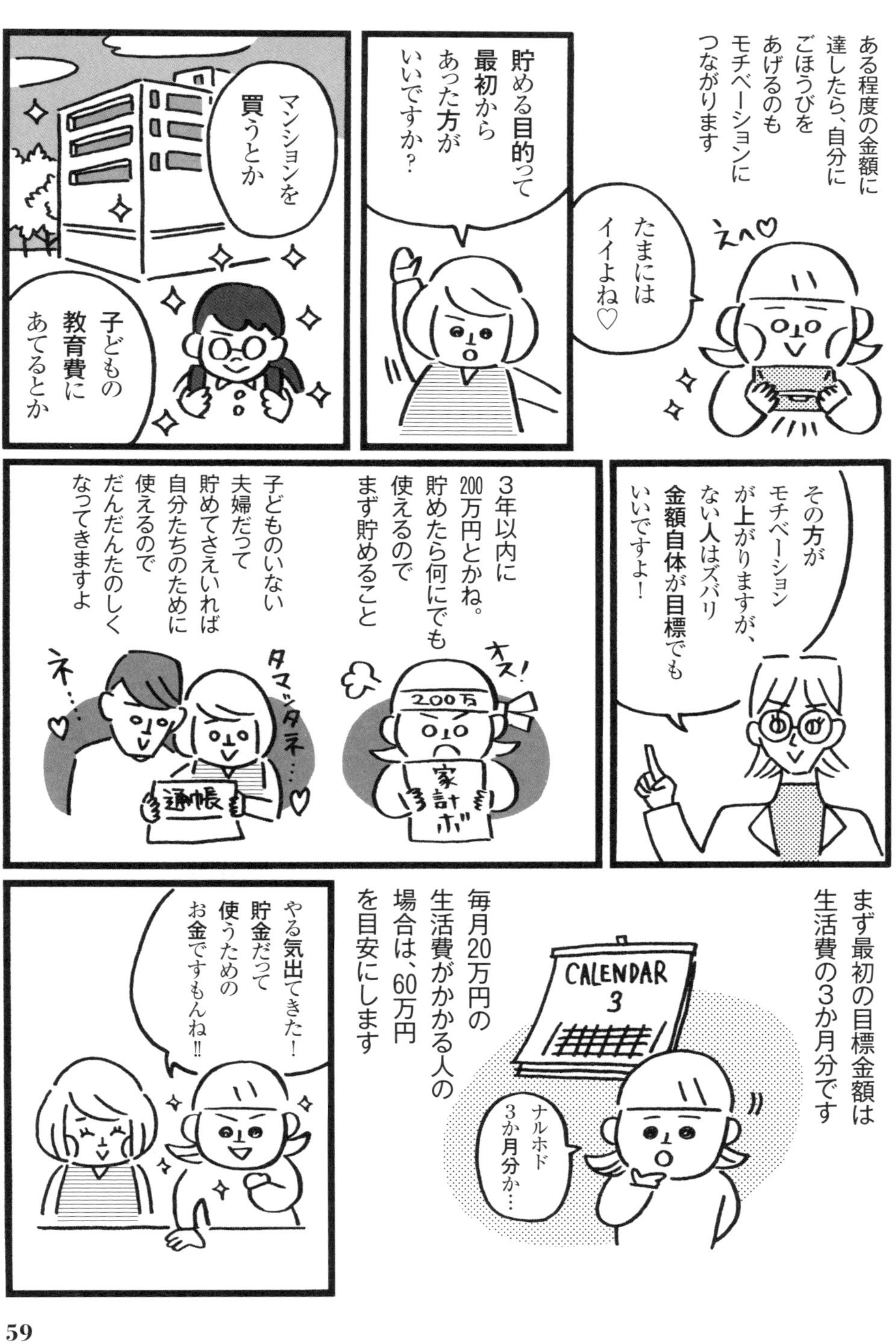
ある程度の金額に達したら、自分にごほうびをあげるのもモチベーションにつながります
えへ♡
たまにはイイよね♡
貯める目的って最初からあった方がいいですか？
マンションを買うとか
子どもの教育費にあてるとか
その方がモチベーションが上がりますが、ない人はズバリ金額自体が目標でもいいですよ！
3年以内に200万円とかね。貯めたら何にでも使えるのでまず貯めること
オス！
200万
家計ボ
子どものいない夫婦だって貯めてさえいれば自分たちのために使えるのでだんだんたのしくなってきますよ
タマッタネ…
ネ…
通帳
まず最初の目標金額は生活費の3か月分です
CALENDAR
3
ナルホド3か月分か…
毎月20万円の生活費がかかる人の場合は、60万円を目安にします
やる気出てきた！貯金だって使うためのお金ですもんね!!

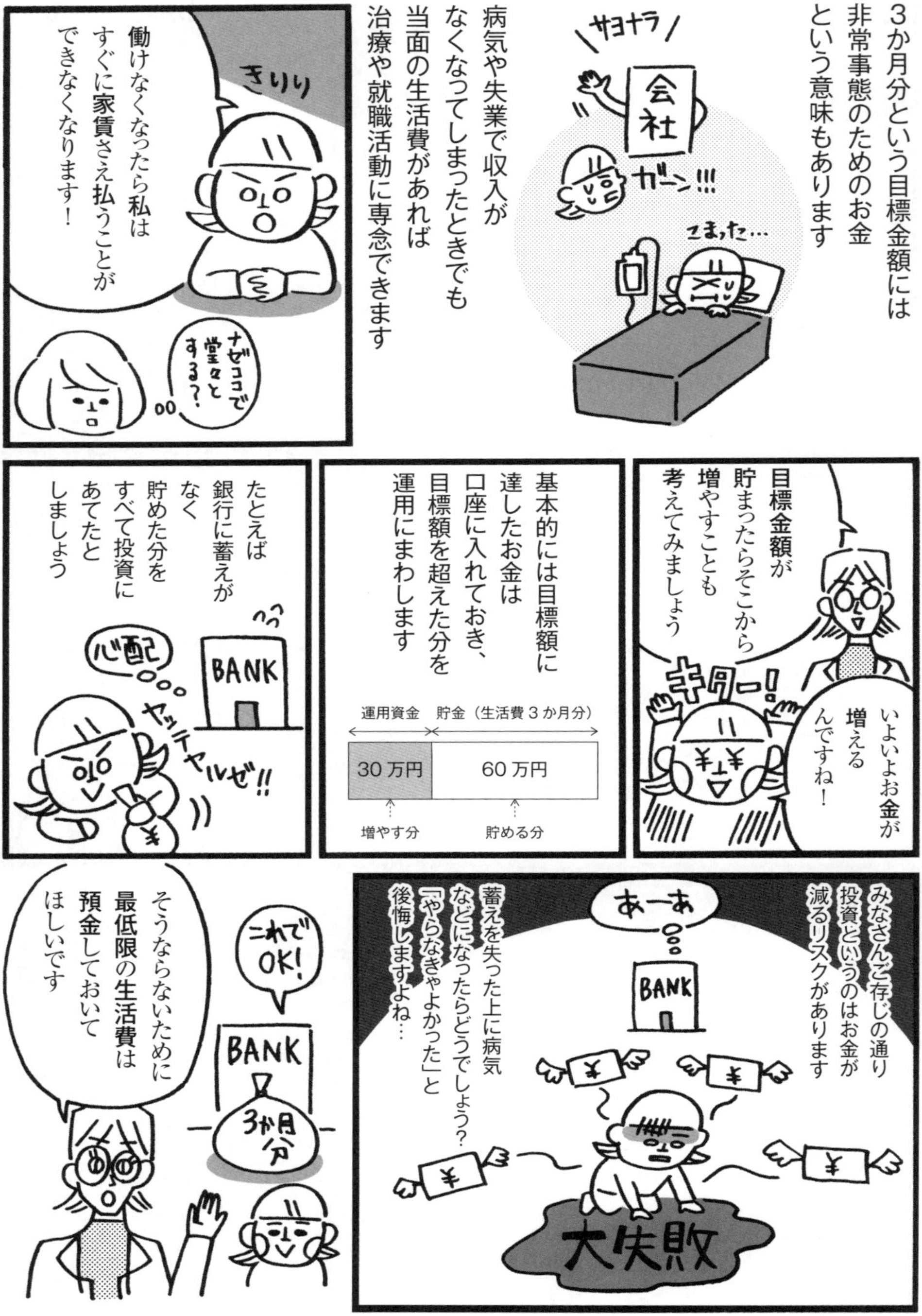
3か月分という目標金額には非常事態のためのお金という意味もあります
サヨナラ
会社
ガーン!!!
こまった…
病気や失業で収入がなくなってしまったときでも当面の生活費があれば治療や就職活動に専念できます
きりり
働けなくなったら私はすぐに家賃さえ払うことができなくなります!
ナゼココで堂々とする?
目標金額が貯まったらそこから増やすことも考えてみましょう
キター!
いよいよお金が増えるんですね!
基本的には目標額に達したお金は口座に入れておき、目標額を超えた分を運用にまわします
運用資金
貯金（生活費３か月分）
30 万円
60 万円
増やす分
貯める分
たとえば銀行に蓄えがなく貯めた分をすべて投資にあてたとしましょう
心配
BANK
ヤッテヤルゼ!!
みなさんご存じの通り投資というのはお金が減るリスクがあります
あーあ
BANK
蓄えを失った上に病気などになったらどうでしょう?「やらなきゃよかった」と後悔しますよね…
大失敗
そうならないために最低限の生活費は預金しておいてほしいです
これでOK!
BANK
3か月分

以上を踏まえた上でお金を増やす方法について考えていきましょう！
はいっ♡
投資って興味はあるんだけど、失敗がこわいから「勉強してからやろう」と思っていたところです
新聞
そういう人は多いですよ。まずは少額のものからはじめるといいと思います！
1万円からはじめられますっ
10,000

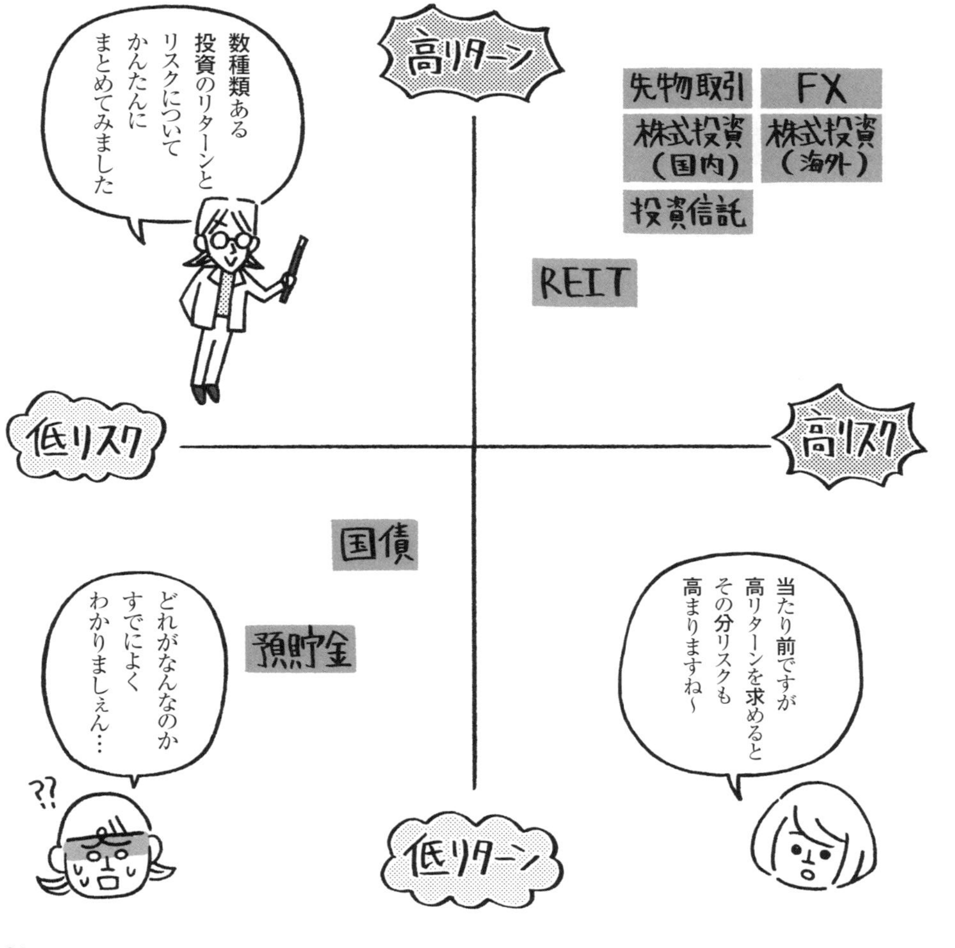
数種類ある投資のリターンとリスクについてかんたんにまとめてみました
高リターン
先物取引
FX
株式投資（国内）
株式投資（海外）
投資信託
REIT
低リスク
高リスク
国債
預貯金
どれがなんなのかすでによくわかりましぇん…
??
当たり前ですが高リターンを求めるとその分リスクも高まりますね〜
低リターン

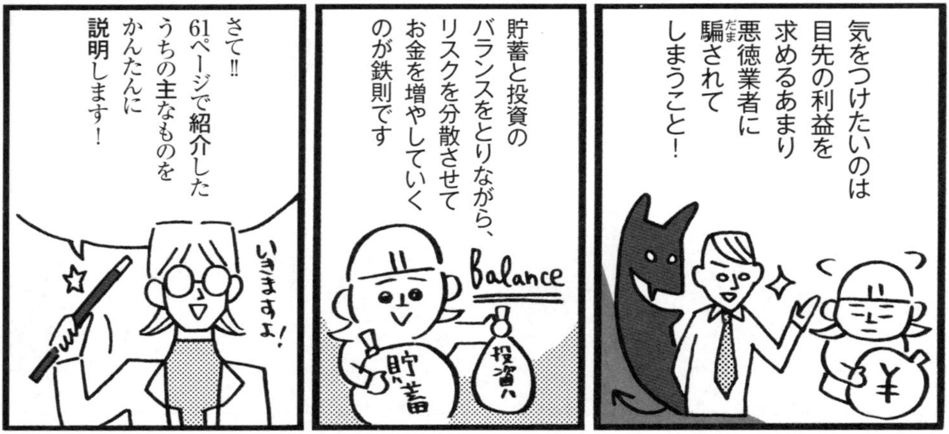
気をつけたいのは
目先の利益を
求めるあまり
悪徳業者に
騙《だま》されて
しまうこと！
貯蓄と投資の
バランスをとりながら、
リスクを分散させて
お金を増やしていく
のが鉄則です
貯蓄
投資
Balance
さて!!
61ページで紹介した
うちの主なものを
かんたんに
説明します！
いきますよ！

まずは**株式投資**です。株式投資には**インカムゲイン**と**キャピタルゲイン**の2種類の利益があります。
企業が発行する株式を買い、その企業が儲かれば投資家たちに配当金として還元されるのがインカムゲイン。
そして、株式を購入したときより高く売れると利益になるのがキャピタルゲイン

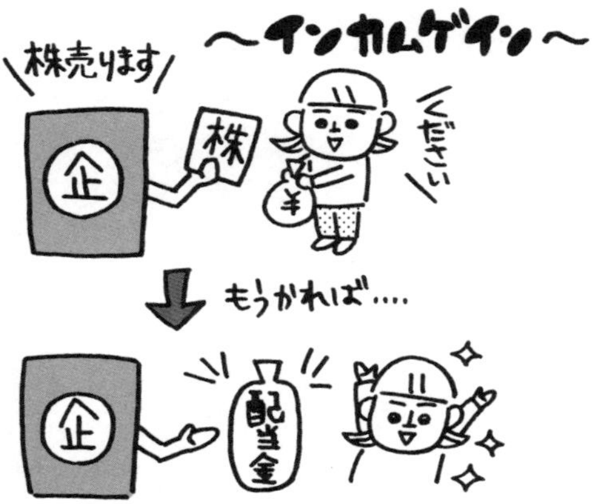
〜インカムゲイン〜
株売ります
企
株
くださーい
もうかれば….
企
配当金

ただ、株式投資は初心者向けではありません。
株価は為替や国際情勢によって変化するので、投資のプロでさえそれを予想するのは困難です

メリット

- ●キャピタルゲインを得られる可能性がある
- ●インカムゲインが期待できる
- ●株主優待を受けることができる

デメリット

- ●元本割れの可能性がある
- ●倒産によって資産価値がゼロになる場合も

購入方法

- ●証券会社に自分の口座をつくり、そこで株式を取引する。最近ではネット証券が主流

次に**投資信託**。投資家から集めたお金をファンドマネジャーというプロが運用します。株式投資とちがって複数の金融商品を組み合わせているため、1つの窓口でリスクを減らす分散投資ができます

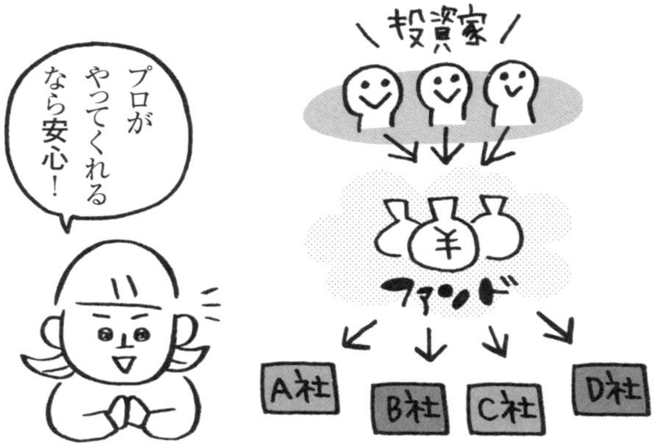
投資家
ファンド
A社
B社
C社
D社
プロがやってくれるなら**安心**！

個人では買いにくい大企業の株もたくさんの人からお金を集めるので買えるというのも利点
ハイ ドーモ！
ドーモ！
1万円くらいからはじめられるってホントですか⁉
はい！　初心者にもはじめやすいですが、膨大な数の**投資信託**からどれを選ぶか…ですね

投資信託を選ぶポイント

選ぶときのポイントはこちらです

- ●運用成績
  - 最低でも過去３年分の成績をみる
  - ベンチマークや似たファンドと比較する
- ●コスト（費用）
  - 「販売手数料」と「信託報酬」には注意
- ●純資産残高が少しずつでも増えているものを選ぶ
  - 通常は 30 億円以上
- ●いつでも購入、売却できる「オープン型」を選ぶ
- ●売買回転率が低いこと
- ●ファンドの評価を WEB で検索してみる

そして外貨預金。
日本の円ではなく、
米ドルやユーロ、ポンド
などで預金をします。
現在日本が超低金利
なのに対し、外貨の方が
金利が高いので為替で
儲けることも可能です

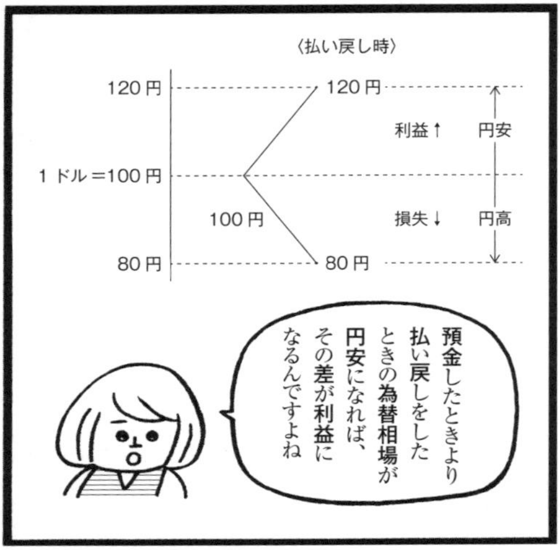
〈払い戻し時〉
120円
120円
利益↑
円安
1ドル＝100円
100円
損失↓
円高
80円
80円
預金したときより払い戻しをしたときの為替相場が円安になれば、その差が利益になるんですよね

しかし、注意してほしいのは手数料！
たとえば、100万円分の米ドルを
外貨預金するとします。
1ドル100円として、手数料が
1ドル1円かかるとすれば…

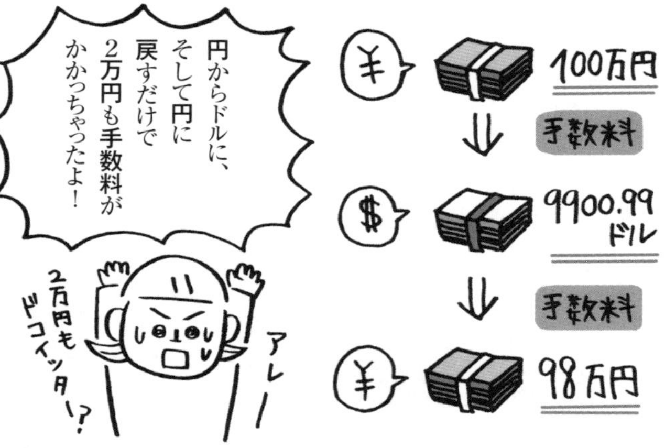
￥
100万円
手数料
$
9900.99ドル
手数料
￥
98万円
円からドルに、そして円に戻すだけで2万円も手数料がかかっちゃったよ！
2万円もドコイッタ!?
アレー

この分を差し引いて利益換算をしなければいけません
うまいこと儲けるのは難しいですねぇ…
はぁー

メリット

- 日本よりも預金の金利が高い
- 円安になれば為替差益を得ることができる

デメリット

- 円高になると為替差損が出る
- 為替手数料が高い
- ペイオフ（金融機関が破綻したときに預金者を保護する仕組みのこと）の対象外

購入方法

- まずは通貨の種類を決め、そのあとに銀行を選んで口座を開設する

個人向け国債の種類と特徴

商品名	変動金利型 10 年満期	固定金利型 5 年満期	固定金利型 3 年満期
満期	10 年	5 年	3 年
金利タイプ	変動金利	固定金利	固定金利
金利設定方法	基準金利× 0.66	基準金利－ 0.05%	基準金利－ 0.03%
金利の下限	0.05%		
利子の受け取り	半年ごとに年２回		
購入単位	最低１万円から１万円単位		
償還金額	額面金額 100 円につき 100 円（中途換金も同じ）		
中途換金	発行後１年経過すれば、いつでも可能		
発行月	毎月（年 12 回）		

財務省「個人向け国債の商品性の比較」より

老後資金は1億円必要って聞きますけど…
イ、1億ウゥウゥ!?
はあああ
あああぁ
!?!!
1億
とは…?
よくいわれていますね。でも「1億」というのはまったく年金を受け取れない場合の金額なんです
ライフスタイルにもよりますが冷静に考えれば1億も必要ないことがわかりますよ
まずは、月々生活するのにいくら必要なのか大まかに計算してみましょう
LIST
・住宅費
・生活費
・医療費
・レジャー費
etc....
一番大きいのはやはり住宅費ですね
\払ってね/
定年を迎えてもマイホームのローンが残っていたり賃貸の場合は毎月の家賃が必要なこともあります
ローーン
フー
賃貸
¥
それを考慮して夫婦二人の毎月の生活費を30万円と仮定しましょう
月々30万円

そして定年後、何年生きているかなのですが…
私たち、一体何歳まで生きるのでしょう？
ズバリ平均寿命を参考にしてみましょう
ジャーン
男性
女性
80.98歳
87.14歳
な、なかなか長生きですね…
87…
一般に60歳を定年として、女性の寿命で計算すると「老後」は約27年あることになります
これに日々の生活費をかけると…
60歳
老後山
30万円×12か月
＝360万円
360万円×27年間
＝9720万円
が必要!!
これが1億の正体だったんですね！
長生きすればするほどお金がかかるぅ〜
!!!
ところが実際は年金がもらえるわけです。年金額が夫婦で1か月25万円だとすると…
30万円－25万円＝5万円
5万円×12か月＝60万円
60万円×27年間
＝1620万円
が必要!!
年金
年金
ぜんぜん金額がちがう！

ていうか！
年金って
自動的に給与から
引かれてるからか、
どうなってるか
よくわからないッス！
??
年金手帳
明細
主婦…
自営…
サラリーマン…
職業や
働き方
によって
いろいろと
ちがうんですよね？
支払った金額に
よって
もらえる額も
異なってきます

年金はよくいわれているように3階建て。基本的に20歳以上のすべての国民が加入している制度です

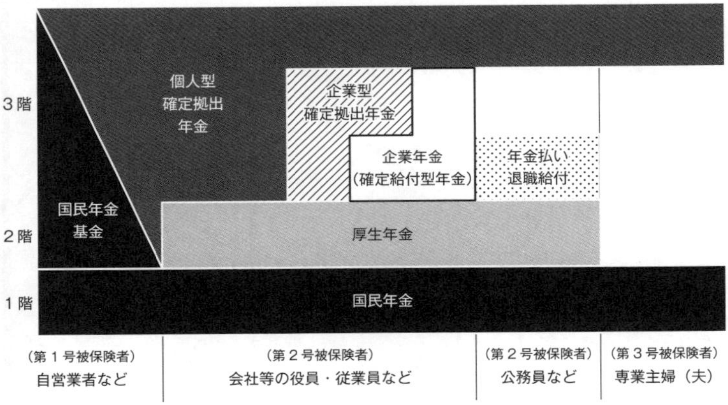
3階
2階
1階
個人型
確定拠出
年金
企業型
確定拠出年金
企業年金
（確定給付型年金）
年金払い
退職給付
国民年金
基金
厚生年金
国民年金
（第１号被保険者）
自営業者など
（第２号被保険者）
会社等の役員・従業員など
（第２号被保険者）
公務員など
（第３号被保険者）
専業主婦（夫）

野村の確定拠出年金ねっと「日本の年金制度　年金制度の体系」より

夫婦あわせての受給金額も支払額や職業によってさまざまです

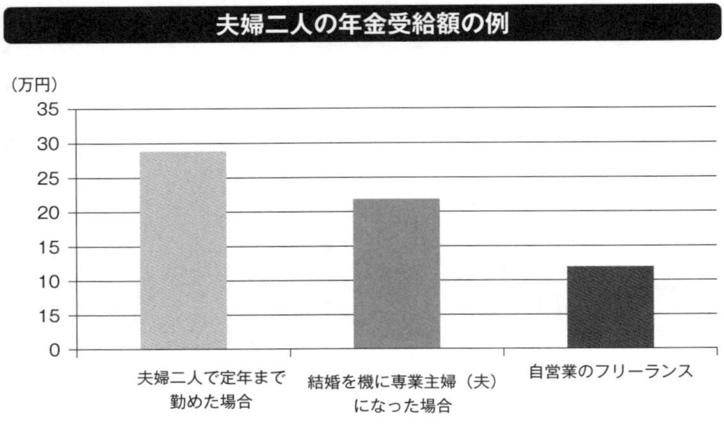
夫婦二人の年金受給額の例
（万円）
35
30
25
20
15
10
15
0
夫婦二人で定年まで
勤めた場合
結婚を機に専業主婦（夫）
になった場合
自営業のフリーランス

グラフはあくまで一例です
年齢や加入年数によって異なるので自分の受給額を日本年金機構「ねんきんネット」のシミュレーターで計算してみましょう
自営業
会社員はさっきの計算でいいけれど自営業の人はもらえる金額がちがってきますよね
自営業の人は国民年金になるので金額が変わってきます。受給額は夫婦で13万円くらいが平均だといわれています。
30万円 −13万円 = 17万円
17万円 ×12か月 = 204万円
204万円 × 27年間 =
5508万円
が必要
国民年金だけだと心もとない感じがしますネ…
それでも1億ってわけではないね
自営業の人の場合は定年がありませんから、60歳を過ぎても働き続けられるという強みがあります
生涯現役
元気でいつまでも働き続けるためには、健康のことも考えないとですね…
生活習慣病…
心の病気…
三大疾病…

現在は原則65歳から受け取れますが、受給額を減額して60歳にくり上げることもできます

年金のくり上げ受給額

請求時の年齢	減額率
60歳0か月～ 60歳11か月	30.0～ 24.5%
61歳0か月～ 61歳11か月	24.0～ 18.5%
62歳0か月～ 62歳11か月	18.0～ 12.5%
63歳0か月～ 63歳11か月	12.0～ 6.5%
64歳0か月～ 64歳11か月	6.0～ 0.5%

逆にくり下げ受給にすると、増額されます

年金のくり下げ受給額

請求時の年齢	増額率
66歳0か月～ 66歳11か月	8.4～ 16.1%
67歳0か月～ 67歳11か月	16.8～ 24.5%
68歳0か月～ 68歳11か月	25.2～ 32.9%
69歳0か月～ 69歳11か月	33.6～ 41.3%
70歳0か月～	42.0%

日本年金機構「老齢基礎年金の繰り上げ受給」「老齢基礎年金の繰り下げ受給」より

う〜〜〜ん
年金を中心に
ライフプランを
考えたら
どうしても不安に
なってくる…
一体どうしたら
プスプス…
そうか！　定年を
過ぎても収入を
得られるような
キャリアを
身につければ…！
!!
足りない分
収入＋貯金
年金
必要な生活費
お姉ちゃん
さえてるっ
エヘ
その通りです。
今からでも
キャリア
デザインを
しっかりして
おくことが
大事なのです
CAREER
DESIGN
今あるお金（預貯金）と
これから入ってくるお金
（個人年金、退職金、
生命保険の満期金）を
見比べながら
考えられるといいですね
このくらいあるから…
このくらい必要…
年金
退職金

生活を支えるための貯金
人生を豊かにするための投資
老後にもらえるお金
あとは…
保険でしょッ!!
私まったく保険とか入ってないけど大丈夫ですかね？
どんなものを選べばいいんですか？
とりあえず入っておけばいいんですか？
具体的に何が不安なのか考えてみましょうね
私の場合独身で子どもがいないから病気やケガで働けなくなるのが困ります
そうすると「治療費がかかる」「無収入になる」という2つの不安がみえてきますね
①治療費
②無収入
この2つの不安を解消してくれる保険があるんですか？
いえ、改めて入らなくてもナヤ美さんはすでに大きな保険に入っていますよ。それが健康保険と雇用保険です！
…会社で勝手に加入していたから気づかなかった…
まずは公的保険について確認していきましょう！
運営してまっせー!!!
うろこ

病気やケガの治療費は健康保険に加入していれば通常3割負担ですみます
でも重い病気の場合は治療費が高くなるのでは!?
病院
3割
保険
そこが大きな勘ちがいです。**高額療養費制度**があるので一定以上の医療費は支払わなくていいのです！
スッ
払い戻し
何それ!?

収入によってきまった上限より[※1]多くかかった医療費が、すべて戻ってくるという制度です

請求50万円
病院
50万円
病院
けんぽ
払い戻し

大きな病気をして50万円かかったとします。ナヤ美さんの場合、1か月に5万7600円を超えた分のお金は戻ってくるのです！

高額療養費の自己負担限度額

所得区分	自己負担限度額	多数該当の自己負担限度額（※2）
標準報酬月額83万円以上	25万2600円＋（総医療費－84万2000円）×1%	14万100円
標準報酬月額53～79万円	16万7400円＋（総医療費－55万8000円）×1%	9万3000円
標準報酬月額28～50万円	8万100円＋（総医療費－26万7000円）×1%	4万4400円
標準報酬月額26万円以下	5万7600円	4万4400円
低所得者	3万5400円	2万4600円

※全国健康保険協会HP「平成27年1月診療分からの区分」より

50万円が5万7600円になるってすごすぎない!?
ヤベ〜〜
ただ先進医療や差額ベッド代は対象外なのでこの部分をカバーする保険が必要になります
差額ベッド代は個室しか空きがない場合などもあるので、1日5千~1万円をカバーできる保険に入っておくと安心ですよ
1日：5000円～1万円

※1　受診時に「限度額適用認定証」を持参すると窓口での支払いが自己負担までとなる
※2　高額医療費としての払い戻しが1年間で3か月以上あった場合、4か月目から自己負担額がさらに安くなる

病気やケガで仕事を休んでいた間の給与は傷病手当金や労災保険で6〜8割支給されます
給与
手当金
全部自分でまかなおうとしなくていいんですね
ただこれは健康保険に加入している会社員の場合なので、自営業者やフリーランスの方はその分をカバーできるような保険に入っておいた方がいいです
保険会社
独身でも転職や結婚などいろいろな可能性があります。その時々に必要なものを見直せるように保険料が安くて期間が1年の掛け捨てタイプの保険がオススメです
marriage
baby
job change....
私の場合、子どもがいて自分たちに何かあったときのために生命保険に入りたいんですが保険料が高くて…
その場合も一番困ってしまうことは何かを考えてみましょう
??
あ！ だったら死亡保険です。遺族年金があるとはいえ教育費が必要ですし！
!!
優先順位をきめてプランを立てるとよいですよ。残された子どもの教育費にあてる生命保険の場合、子どもが成長するにつれて実際に必要な保険金は減っていくことに注意してください

へっ？どういうことですか？
子どもの教育費に1500万円必要だとします。でも一生その金額が必要というわけではありません
全体で1500万円
この期間は500万円あればよい！
0歳
18歳
22歳
そっか！子どもが1歳のときに私が死んだら1500万円必要だけれど、20歳だったらあと数年分のお金だけでいいのか！
子どもの成長にあわせて保険を見直すといいですよ。保険は年々新しくていい商品が出てきているので、こまめに確認しましょう。家計全体の収入を考えて保険を組み合わせるのもいいです
見直し！
見直し！
見直し！
小学校
中学校
高校
会社員の場合は配偶者や子どもの分もカバーできるグループ保険がいいかもしれません。保険料が割安ですし、1年決算で使わなかった保険料が返ってきたりします
ぜんぜん知らなかったです。帰ったらいろいろしらべてみないと…
メモ

子どもに関連したものとして検討してほしいのが自転車保険。お年寄りにぶつかってケガをさせてしまったり死亡させてしまったりして何千万円も請求されるケースが増えています
…ぞっ。
悪気はなくても子どもってホントに何をするかわかりません。個人賠償保険の必要性が増しているといえます
ライフプランを立てていたとしても、そんなことになったら大変…
単独では入っていなくとも、TSマークがついた自転車や火災保険、自動車保険の特約に入っていることもあるので一度確認してみましょう
保険ってやみくもに入るものじゃないんですね！
今足りないものを補って不安を解消するためにあるものなんですね
ライフスタイルによって保険の内容は変わってきます。人にすすめられるままではなく自分にあったものを選びましょう
保険
妹よ…受け身ではアカンねんで
ほんっとそうよね！しらべたら答えはちゃんとみつかるっ
な？
ヨカッタヨカッタ….

30代から気をつけたい女性の病気Q&A ①

身体のさまざまなところに不調が現れはじめる30代。
とくに気をつけたいこの世代特有の病気やその対策を吉野先生に聞きました。

お答えします！

吉野一枝 先生
産婦人科医、臨床心理士、よしの女性診療所院長。

生理不順

Q 生理の周期が最近不規則です。この前は数か月止まっていたので気になっています。

A 生理は医学的には「月経」といいます。健康な成人女性の月経周期は、日本産科婦人科学会の定義では25〜38日とされています。周期が不規則といっても、この範囲内で多少前後する場合は問題ありません。しかし、この範囲から外れて頻度が多くなったり、少なくなったり、生理がほとんど止まってしまうような場合は問題があります（なお、これ以降、よりわかりやすいよう、適宜「月経」を「生理」と言い換えます）。

生理不順は、次の3つに大きく分けられます。

【頻発月経】

月経周期が24日以内、つまり生理が1か月に2、3回くるのが頻発月経です。出血量が少なく、排卵を伴わないことが多いです。

頻発月経の主な原因としては黄体ホルモンが不足する黄体機能不全、排卵が起きていない無排卵月経、甲

1,2… 37,38…

状腺の病気などが考えられます。とくに甲状腺の病気は出産で悪化することがあり、出産を希望するなら早めに治療をはじめる必要があります。

【稀発月経】

月経周期が39日以上3か月以内という、月経の間隔があく状態を稀発《きはつ》月経といいます。ストレスで生理がこなくなってしまっていることもありますが、その状態が3か月以上続くときは婦人科の受診が必要です。

稀発月経の主な原因には多のう胞性卵巣症候群や高プロラクチン血症、甲状腺の異常などがあります。多のう胞性卵巣症候群では卵巣の皮が厚くなり、排卵しづらくなります。また高プロラクチン血症では、母乳を出すホルモンであるプロラクチンが妊娠中でも授乳中でもないのに高くなり、場合によっては脳腫瘍ができていることもあります。

【続発性無月経】

それまでにあった生理がこなくなり3か月以上経《た》っている場合を続発性無月経といい、放置するとそのまま生理がこない人もいます。

主な原因には、稀発月経と同じく多のう胞性卵巣症候群や高プロラクチン血症、甲状腺の異常などがあげられます。無理なダイエットや過度のストレスが原因であることも多く、近年増えている生理トラブルです。

生理不順は早めに婦人科へ

このように、生理不順では原因としてなんらかの病気が隠れていることがあります。また、生理不順になりやすい人は、もともと卵巣の機能が遺伝的に弱いことも考えられ、その場合、不妊や流産のリスクが高くなります。「生理不順かな」と思ったら、まず早めに婦人科で診てもらうようにしてください。

生理不順の主な治療法としては、低用量ピルを服用する（131ページ参照）などのホルモン剤を中心としたホルモン療法があります。また、栄養バランスのとれた食事を摂《と》る、過度なダイエットをしない、ストレスを溜《た》めない、十分な睡眠をとる、適度な運動をする、規則正しい生活を送るなど生活面を整えることが大切です。

月経困難症

Q 生理痛がひどく、鎮痛剤を飲んでもあまり効きません。仕事を休まなければならないこともあり、とても困っています。

A 生理中や生理直前から強い下腹部痛や腰痛などが起こり、生理中に日常生活を営むことが困難な状態を月経困難症といいます。生理のある女性のうち、約30%は重い生理痛に苦しんでいるといわれ、他に頭痛、吐き気などの症状があります。

ひどい生理痛は子宮内膜症や子宮筋腫が原因のこともあり、早めの婦人科の受診をオススメします。治療法には、保険適用の低用量ピル（131ページ参照）、鎮痛剤、漢方薬の服用などがあります。また、生理不順と同様、栄養バランスのとれた食事、規則正しい生活を送る、身体を冷やさない、ストレスを溜めないなど日常生活の改善も有効です。

【子宮内膜症】

子宮内膜とは、受精卵がとどまるベッドのようなもの。毎月排卵があるたびに子宮内膜は用意され、受精がなかった場合には子宮が収縮してこの内膜がはがれ、体外に排出されます。これを生理とよびます。生理痛の下腹部の痛みは子宮内膜内のプロスタグランジンが子宮収縮を促すことで発生し、さらにこのプロスタグランジンが全身に回ると頭痛や吐き気、腰痛なども引き起こします。

この子宮内膜に似た組織が、子宮以外の場所に発生してしまう病気が子宮内膜症です。この組織は毎月の月経のたびに充血や出血をくり返すため、発生した場所に血液が溜まり腫れてしまったり、周囲の臓器と癒着を起こしてしまったりすることがあります。とくに、卵巣にできて腫れてしまった場合は、古い血液がチョコレートのようにみえるため、チョコレートのう腫といいます。

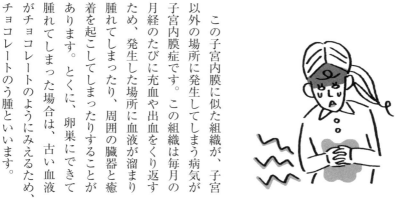

生理痛があるなら受診を

　進行した子宮内膜症は癒着がひどくなるため、重い生理痛で婦人科を受診してみつかることが多く、性行為中や排便時にも痛むことがあります。何もしていないときに腰痛や腹痛があるようなら、かなり癒着が進んでいると考えられます。突然チョコレートのう腫が破裂して救急車で運ばれるケースも。子宮内膜症はいつ発症するかわからないので、生理痛がある方は、早い段階で一度、婦人科医に診てもらいましょう。

　気をつけたいのは、子宮内膜症では生理痛がひどくなるだけでなく、卵巣の機能も低下するということです。チョコレートのう腫ができるだけで卵巣機能は低下し、子宮内膜症患者の4割は不妊症になるといわれています。

　子宮内膜症は、発症すると閉経まで治療が必要です。治療法は低用量ピル（131ページ参照）や黄体ホルモン剤の服用、偽閉経療法などがあり、年齢や妊娠希望の有無によって治療法を選びます。

増える子宮内膜症

　子宮内膜症患者が現在増えている原因の1つに女性のライフスタイルの変化があります。昔の女性は10代で妊娠し、その後何回も妊娠・出産をくり返しました。妊娠・出産では生理が止まり、ホルモンが大きく変動するため、出産後に生理不順が治ったり、生理痛が軽くなったりしたのです。しかし現代は女性の社会進出と少子化が進み、妊娠・出産の機会が減り、排卵・生理の回数が増えました。子宮内膜症は生理の回数を重ねるほど発症する可能性が高くなるため、患者数が増えているのです。

不妊症のリスクを避ける

　いずれ妊娠を決意したときに後悔しないよう、かかりつけの婦人科医を持ち、定期的に受診することは非常に重要です。痛みがひどくなってから病院で受診する人が多いのですが、生理痛は我慢しなければいけないものではありません。むしろ痛みがあるのは不調のサイン。女性として、子宮や卵巣の状態を定期的に確認することは他の病気の予防のためにも大切です。1年に1度は婦人科を受診するようにしましょう。

4章

マイホーム

願望に潜む落とし穴!!

いつかは夢のマイホームをゲットしたいな。
資産運用っていうのもアリかも。
お金さえあれば…なんて思ってたら
そんな甘い話じゃなかった!!
お金以外にこんなに
考えなきゃいけないことがあるの!?

モデルルーム
こちらのお部屋は本当にオススメですよ！
ありがとうございました！
キャリ子今のマンション買っちゃうの？
まだいろいろみてる最中よ
たしかによかったけど～
けど頭金が貯まったら買っちゃおうかな仕事のモチベーションも上がるしね
ナラナラ
ぐぬぬぬ
すごいなさすがキャリ子…私には当分無理だ…
…
とはいえ…
最新式のキッチン北欧風の家具・設備
さっきのお部屋ステキだった…私もあんなとこに住みたい♡
ちょっとまったアア～～

そんなふわっとしたキモチで
家を買っちゃダメー!!
キャッ誰!?
ひいっ
よ、芳川せんせいっ
私は買いませんよっ。今日はつきあいです! 貯金もナイし!!
は、はじめまして
芳川です
私は1、2年以内には買おうと思っています!
どうして買いたいの?
ハキハキ
分譲だと賃貸より広くて設備も充実してて月々のローンも家賃より安く抑えられるからです!
さすがキャリ子しっかり考えてる…
そうねでも…
もしも会社が移転したら?
結婚して旦那の海外赴任に同行することになったら?
シュン
急に転勤になったら?
ていうか会社が倒産したら?
そ、そこまで考えないとダメですか?

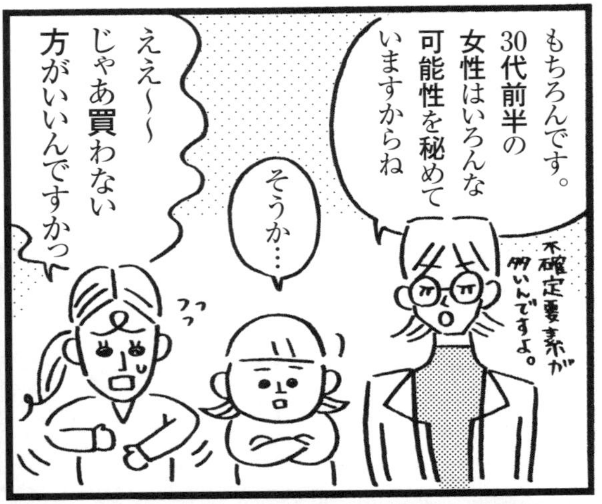

賃貸住宅とマイホームのメリット・デメリット

	メリット	デメリット
賃貸住宅	・入居時に初期費用があまりかからない ・メンテナンス費用は大家さんが負担 ・気軽に引っ越せる	・家賃は払い捨て、住み続ける限り払い続けなければならない ・許可なく内装に手を加えたり、リフォームできない ・物件のバリエーションに限りがあり、高スペックな住宅は家賃も高い
マイホーム	・不動産（財産）が手に入る ・住宅ローンの支払いは一定期間 ・自分好みにリフォームできる	・登記費用、不動産取得税等の初期費用や固定資産税等のランニングコストがかかる ※頭金は住宅費の一部なので費用ではない ・売りたいときにすぐ売れるとは限らず、換金しにくい ・メンテナンス費用を自分で用意しなければならない

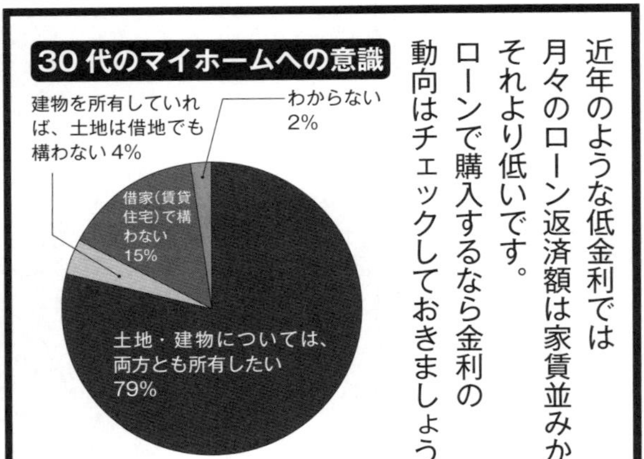

家とのつきあい方

結婚して子どもがいる人生でイメージすべき事柄の例

- 共働き
- 就職・離職・転職
- 子どもの数・子育ての時間・子どもの学校
- 子どもが社会人になったとき（子どもの独立）
- 定年退職
- 親の介護
- 将来の資産価値

この先人生に起こりうることを想定して買うか買わないかじっくり考えることが大事です
リアルにね!
倒産
ガーン!
不幸せパターン
オメデトー!!
オメデトー!
幸せ♡パターン
うー
うーん
ーん
うーーーーん…。
ハイ! 私の場合は仕事を続けキャリアアップに伴い家を買う! 猫もかう!
部長
MY HOME
猫!!
賃貸でペット可の物件って少ないしあっても高いんだよねェ～
いいニャ～
どんな猫がいいかな～?
チンチラがいいな～って!
きーゃい
長毛? 短毛?
きゃい
アナタたち…結婚する気はないの?
ハッ
ないワケじゃないけど…
結婚したら買った家は売るか貸せばいいですし

ペットを かいたいから 家を買う… それでも けっこう
あれ？
いいの？
だけど 売りたいときに 売りたい値段で 売れると 思わないことっ！
わあっ
マイホームは 出会いですし どうしても 住みたい！ ほしい！ というのは仕方 ないでしょう
絶対ココ
運命の出会い♡
ただし新築住宅は 購入した時点で 買った金額の1割は 評価額がさがります
その時点で
10% DOWN
エッ!!
買った時点で 1割？
ってことは たとえば ですが 3千万円で 買ったとして…
その時点で 2700万円に さがります
キリッ
ガーン!!

家を買った場合
そのことを
踏まえつつ
どうしてもそこに
住めなくなった場合の
ことを考えないと
いけませんよ
ええ…？
でも住めなく
なる理由って
…？
つまり
さっきいってた
可能性の
ことですね‼
転勤とか
結婚とか
倒産とか
離婚とか…‼
!!
そうなった場合に
売れないし借り手も
つかないしでは
固定資産税や
メンテナンス費用
マンションなら
管理費などで
お金が出ていくばかりの
お荷物資産に
なってしまいます
お荷物資産
ああああ〜
うーわー
こ…
こわい…
こわすぎる…
ガタガタ
先生っ
買った家を
売ったり貸したり
するためには
どうすれば⁉
当たり前のこと
なんですけどネ
ガバッ
資産価値の
減らない家を
住宅ローンで
買えば
いいんです！
価値

大型スーパー、商店街、金融機関、郵便局、行政機関、夜間診療対応の総合病院など、生活に必要な施設が徒歩10分圏内にあったり、人気沿線の人気駅にあったりすると借り手、買い手がつきやすい。

駅から1分遠ざかるごとに、坪単価はだいたい4万円さがるといわれている。

「子ども部屋がほしい」「親などの客を泊められる部屋がほしい」など、借り手や買い手は部屋数を求める傾向にある。

地価がさがりにくい場所は①の理由と同様の場所。交通や街の利便性など住環境のいい場所は地価がさがりにくい傾向にある。

将来の人口の推移

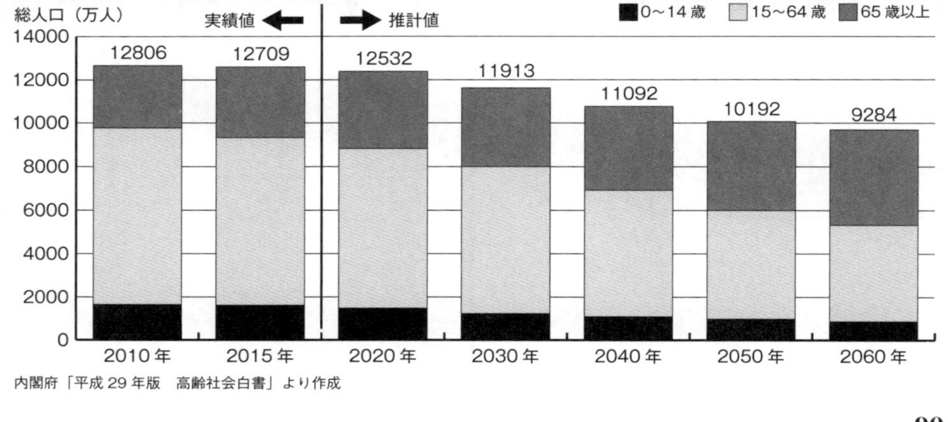

内閣府「平成29年版　高齢社会白書」より作成

郊外に買ったら通勤に往復3時間…
たしかに転売競争には勝ち残れない…
郊外の一戸建てってサラリーマンにとってのステータスだと思ってた
もはやそれは昔の話でしょ
アレ ということは
人口が減る→
空き家/空室が増える→
価格競争激化!?
もしかして将来的に中古物件の価値もさがって賃貸の家賃もさがるってこと？
人口減少を考えるとその可能性はおおいにありますね
お〜
賃貸でも住宅費の負担が減る!!
値下げ
賃貸
値下げ
中古
あとは84ページで紹介した賃貸のメリット・デメリット比較表を参考にしてね
メリット
デメリット
家賃がさがるなら賃貸でもいいかも？
貯蓄にまわすお金も増やせそうね
今の時代終《つい》の住処《すみか》にするつもりなら別ですが売ったり貸したりしたいなら…

人口の減少、空き家の増加と評価額の下落交通の便などを複合的に判断すると…
人口
空
空
空
中
郊外は転売や賃貸には不向き！
はい!!!
買う場合は都心、駅近、人気エリアのファミリータイプにしぼりますっ
だけど…何度もいうけど…お高いですよね…
銀行の住宅ローン審査が通らなかったり？
…
公務員は確実に通ります。次に大手企業の正社員その次が中小企業の正社員ですね
公務員
大手企業
中小企業
残念ながら個人事業主は難しいと思います
えっどうしてですかっ？
病気になった場合など収入がなくなるから返済能力が低いとみなされてしまいます
うぅ…
収入ゼロ

会社を設立して、仮に収入が安定していたとしても個人の事業には変わりないので、お金を借りるのは難しいです
スッ
BANK
✕
ガーン
キャリ子は大手企業の正社員だもんね
歴史はあるけど基本給が低いんだよね～
計算してみましょうか？
フフフ…
カチャカチャ

キャリ子の年収でローンを組めるか？

キャリ子の場合

【キャリ子の年収】
月収（額面で）約 35 万円
賞与年 2 回：基本給×３か月×２＝約 160 万円
月収 35 万円 ×12 か月＋賞与 160 万円
＝年収 580 万円

【キャリ子の月々のキャッシュフロー】（※1）
月々の収入（額面）：35 万円
月々の支出（生活費）：25 万円
（うち家賃：9 万円）

年収：580 万円
年間支出：300 万円
（＝月々 25 万円 ×12 か月）

【今の家賃より住宅費をさげたい場合の借入金】
3000 万円のマンションを購入する場合
頭金 600 万円（物件価格の 2 割※2）
3000 万円－600 万円＝借入金 2400 万円
年利 1.5% で 35 年ローン
＝月々の返済額約 7 万 3000 円（※3）
【結論】
物件価格によるが、3000 万円前後の物件なら銀行の審査が通り、頭金次第で月々無理のない返済が組める

※１　実際の現金の動き、収入と支出をあわせてキャッシュフローという
※２　頭金は物件価格の２割とされている。初期費用（引っ越し費用、家具購入費、団体信用生命保険等）は、物件価格の１割程度あれば安心
※３　銀行への返済に加え、毎月のマンション管理費と修繕積立金をあわせるともっと高くなる

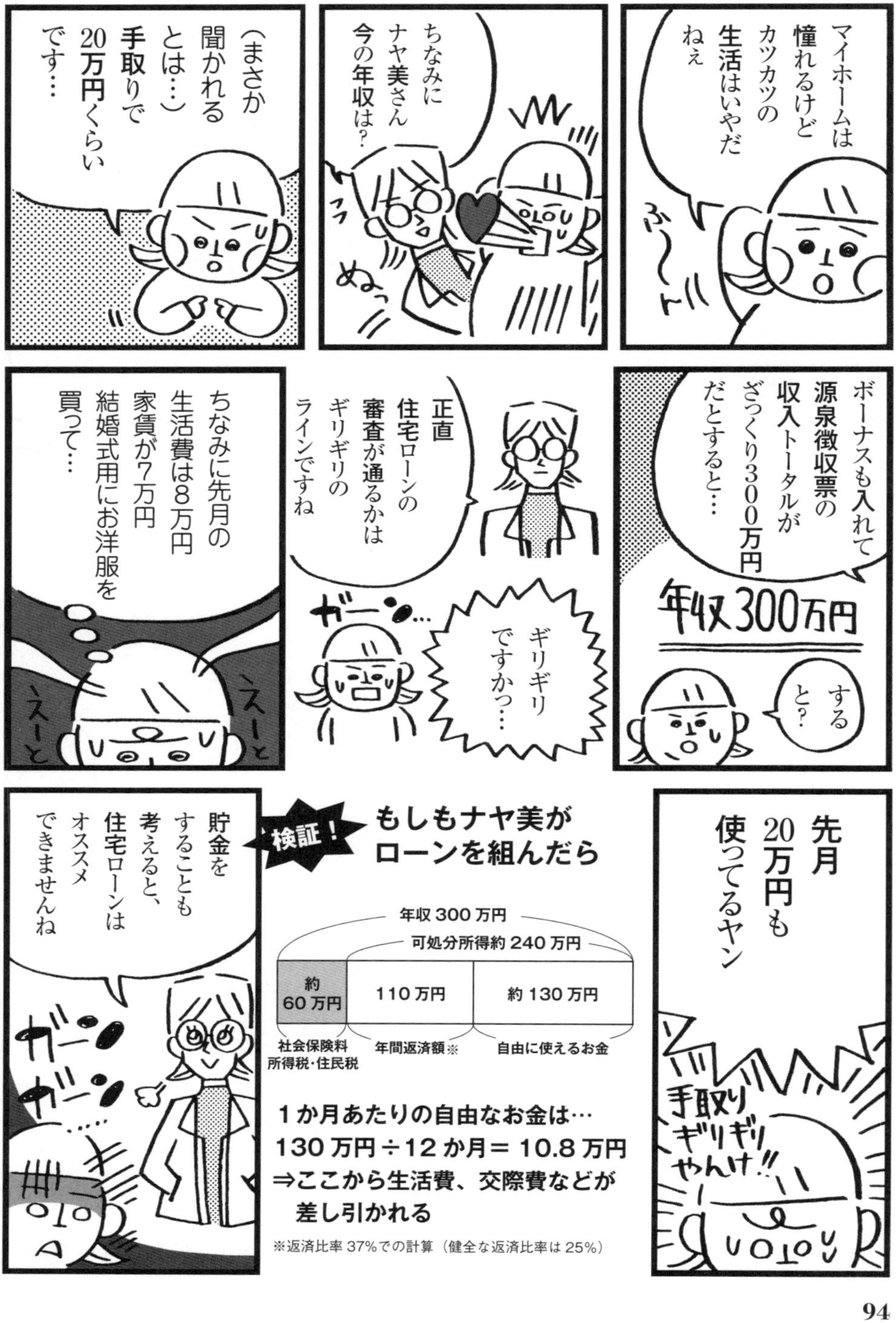
マイホームは憧れるけどカツカツの生活はいやだねぇ
ふ〜ん
ちなみにナヤ美さん今の年収は?
ぬっ
(まさか聞かれるとは…)手取りで20万円くらいです…
ボーナスも入れて源泉徴収票の収入トータルがざっくり300万円だとすると…
年収300万円
すると?
正直住宅ローンの審査が通るかはギリギリのラインですね
ガーン…
ギリギリですかっ…
ちなみに先月の生活費は8万円家賃が7万円結婚式用にお洋服を買って…
スーッと
スーッと
先月20万円も使ってるヤン
手取りギリギリやんけ!!
貯金をすることも考えると、住宅ローンはオススメできませんね
ガーン
ガーン
……
検証！
もしもナヤ美がローンを組んだら
年収 300 万円
可処分所得約 240 万円
約60 万円
110 万円
約 130 万円
社会保険料 所得税・住民税
年間返済額※
自由に使えるお金
1 か月あたりの自由なお金は…
130 万円÷12 か月＝ 10.8 万円
⇒ここから生活費、交際費などが差し引かれる
※返済比率 37%での計算（健全な返済比率は 25%）

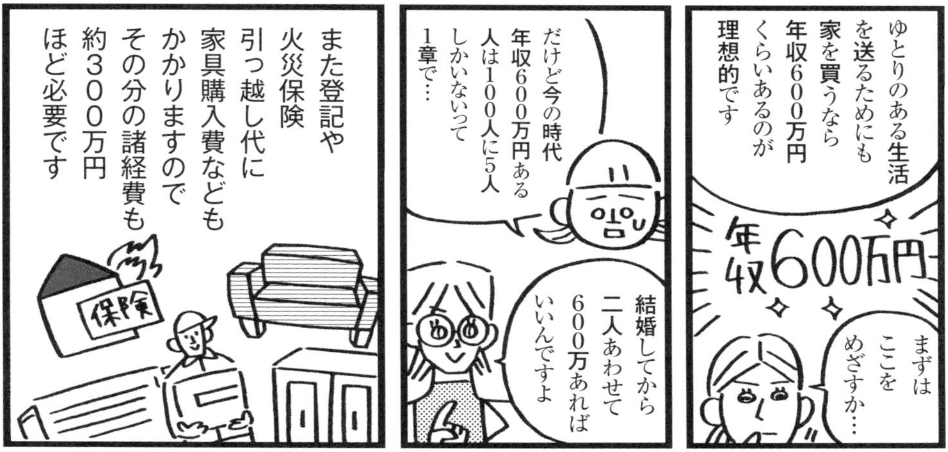
ゆとりのある生活を送るためにも家を買うなら年収600万円くらいあるのが理想的です
年収600万円
まずはここをめざすか…
だけど今の時代年収600万円ある人は100人に5人しかいないって1章で…
結婚してから二人あわせて600万あればいいんですよ
また登記や火災保険引っ越し代に家具購入費などもかかりますのでその分の諸経費も約300万円ほど必要です
保険

	相続時精算課税制度	住宅取得等資金の非課税の特例
非課税枠	2500万円（特別控除額）	700～1200万円（平成29年）
贈与する者	60歳以上の父母または祖父母	父母、祖父母などの直系尊属
贈与を受ける者	20歳以上の直系卑属である子や孫（1月1日現在）	20歳以上の子や孫（1月1日現在）
税率	2500万円を超える分に一律20%	
贈与を受ける者の所得	制限なし	要件あり
住宅の条件	日本国内にあるものに限定	要件あり
その他	・住宅取得等資金のほか、ローン返済金、宅地、建物の贈与も可 ・特別控除限度額2500万円以内ならば何度でも利用可 ・住宅取得等資金がある場合は60歳未満の親からの贈与も可	・居住用家屋の新築・取得、増改築の対価にあてるための金銭での贈与に限定

国税庁「相続時精算課税」より作成

年収に不安があるのなら親に援助してもらう方法もあります

父
母
祖父母

贈与税の速算表

A	B	C
基礎控除（110万円）後の課税価格	税率	**速算控除額**
200万円以下	10%	……
300万円以下	15%	10万円
400万円以下	20%	25万円
600万円以下	30%	65万円
1000万円以下	40%	125万円
1500万円以下	45%	175万円
3000万円以下	50%	250万円
3000万円超	55%	400万円

国税庁「贈与税の計算と税率（暦年課税）」より

親から500万円の贈与があった場合の贈与税

A（500万円－基礎控除110万円）×B（20%）－C（25万円）
390万円＝400万円以下
＝贈与税額53万円

国の方針で長期間使える住宅や環境に配慮したエコロジカルな住宅には通常よりも優遇があるんです

優遇
具体的には5つあります
5

まずは①一般住宅※1と②認定住宅の2つをみていきましょう
①一般住宅
②認定住宅

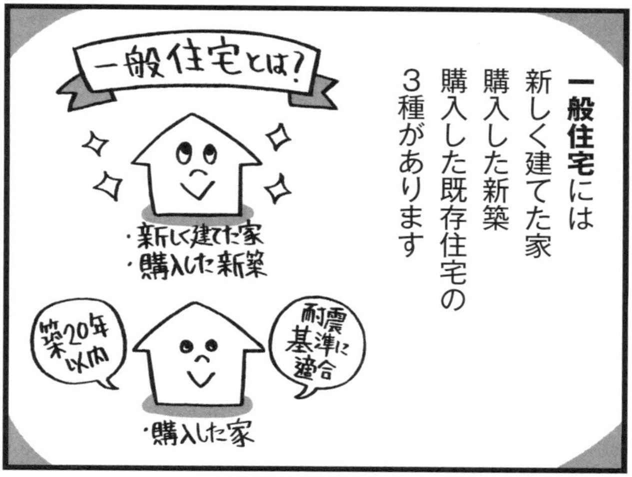
一般住宅には新しく建てた家 購入した新築 購入した既存住宅の3種があります
一般住宅とは?
・新しく建てた家
・購入した新築
築20年以内
耐震基準に適合
・購入した家

認定住宅とは所管の行政庁（都道府県、市、または区）によって認定された住宅のことで2種類あります

認定長期優良住宅※2

長く暮らしやすく環境にも家計にもやさしい住宅
- 耐震性・耐久性能（劣化対策）
- 維持管理・更新の容易性
- 省エネルギー性・居住環境　など

認定低炭素住宅※3

冷・暖房費などの光熱費の節約が期待できる住宅
- 二酸化炭素の排出の抑制に効果のある住宅
- 耐熱性や省エネルギー性に優れている

※1　一般住宅には住宅ローン減税（税額控除）があるが、認定長期優良住宅・認定低炭素住宅には、一般住宅以上の税制優遇措置がある。
※2　長期優良住宅の普及の促進に関する法律に規定する認定長期優良住宅のことで、一定の条件に該当する場合に優遇措置がある。
※3　都市の低炭素化の促進に関する法律に規定する低炭素建築物等で、一定の条件に該当する場合に優遇措置がある。

3つの改修促進税制

バリアフリー

省エネ　三世代同居

あとは
③バリアフリー
④省エネ
⑤三世代同居
住居の3つです

〈控除対象借入金の額〉
それぞれの工事を含む増改築借入金等の年末残高
〈対象住宅〉
床面積 50㎡以上の工事を含む増改築等

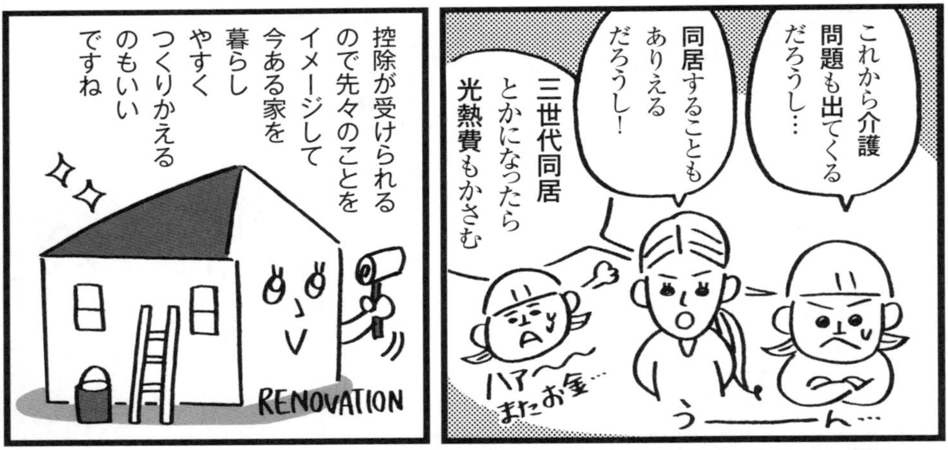
これから介護問題も出てくるだろうし…
同居することもありえるだろうし！
三世代同居とかになったら光熱費もかさむ
ハア〜〜またお金…
う———ん…
控除が受けられるので先々のことをイメージして今ある家を暮らしやすくつくりかえるのもいいですね
RENOVATION

それぞれの控除額

	借入金等の年末残高の限度額	控除率	各年の控除限度額	最大控除額
一般	4000 万円（2000 万円）	1.0%（1.0%）	40 万円（20 万円）	400 万円（200 万円）
認定住宅	5000 万円（3000 万円）	1.0%（1.0%）	50 万円（30 万円）	500 万円（300 万円）
バリアフリー／省エネ／三世代同居	1000 万円（1000 万円）	1.0%（1.0%）	12.5 万円（12 万円）	62.5 万円（60 万円）

（　）内は、増改築等の費用に含まれる消費税等の税率が 8% または 10% 以外の場合

財務省「住宅ローン減税制度の概要」より

5つすべて、個人の合計所得金額が3000万円以下であることが要件です

ぐぬぬ…
ヤダッ アンタ 大丈夫!?
プスプスプスプス
ぎょっ
やっぱり お金 増やさないと ダメだっ!!!
先生っっ 私の虎の子 100万円 （未満だけど）を 運用して ください!!
ガバッッ
その100万円 以外に預金は あるの?
ないけどドーンと 増やしたいんですっ
どうどう
会社のリストラとか もしものことが あったら どうするんですか?
ううう…
いつなんどき 何があるか わからないのだから その100万円は 預金にして 投資をするなら もう100万円 貯まってからに しましょう
KEEP
BANK
100万
100万
ふやすゾー
………………
ハイ。
よしよし
家を買う場合も そうだけど何事も あせってはダメです。 先々のことも考え 不測の事態にも そなえておかないと。
参考までに 投資は時間をかけて 増やすイメージを 持ってください。 植物を育てるように お金を育てる感覚で!
¥
¥
¥

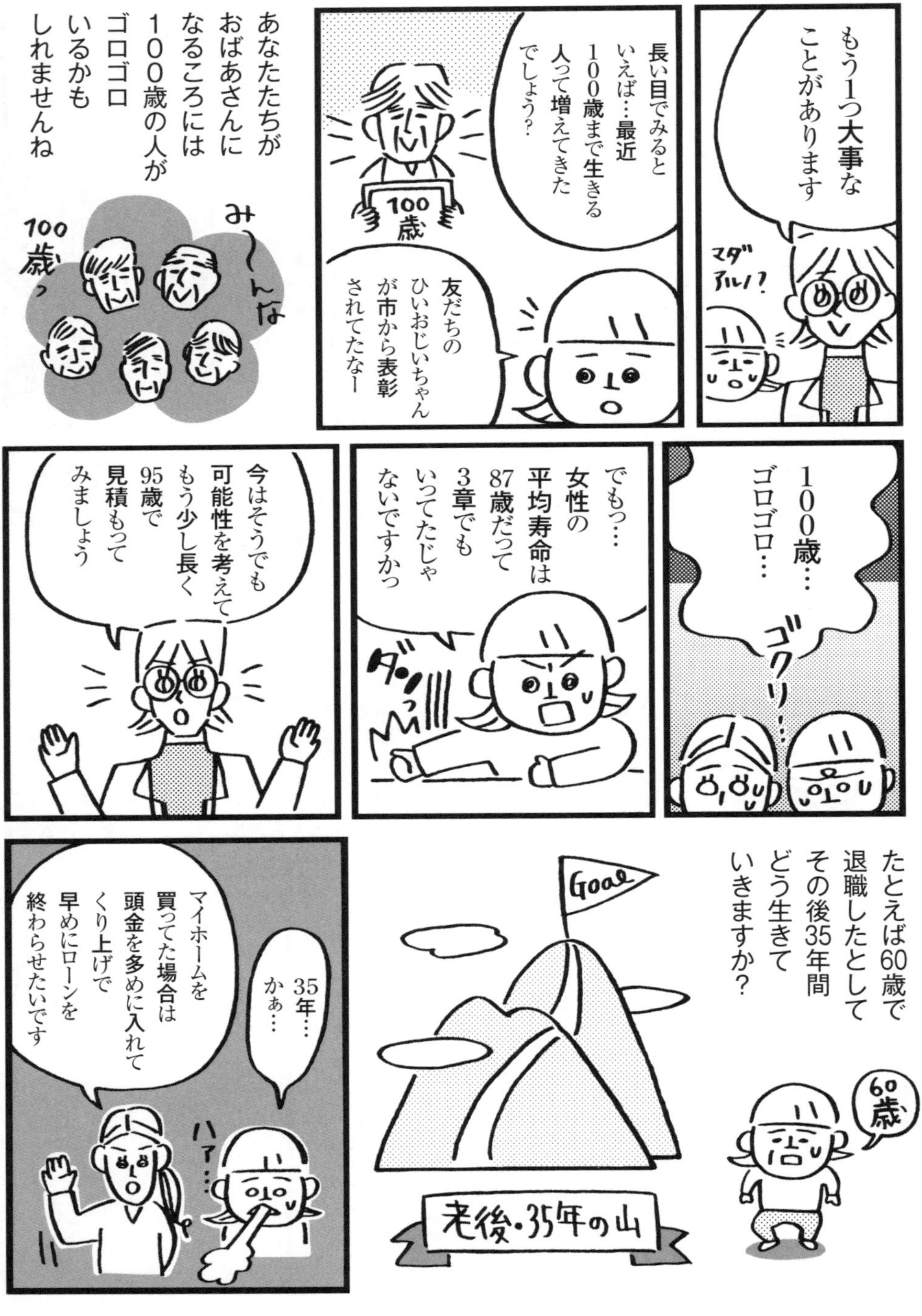

もう1つ大事なことがあります
マダアル!?
長い目でみるといえば…最近100歳まで生きる人って増えてきたでしょう?
100歳
友だちのひいおじいちゃんが市から表彰されてたなー
あなたたちがおばあさんになるころには100歳の人がゴロゴロいるかもしれませんね
み〜んな
100歳っ
100歳…ゴロゴロ…
ゴクリ…
でもっ…女性の平均寿命は87歳だって3章でもいってたじゃないですかっ
ダンッ
今はそうでも可能性を考えてもう少し長く95歳で見積もってみましょう
たとえば60歳で退職したとしてその後35年間どう生きていきますか?
Goal
老後・35年の山
60歳
35年…かぁ…
マイホームを買ってた場合は頭金を多めに入れてくり上げで早めにローンを終わらせたいです
ハア…

過去の金利の推移

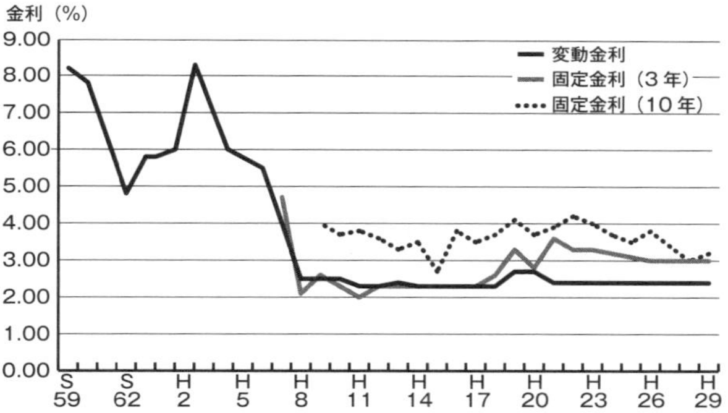

住宅金融支援機構「民間金融機関の住宅ローン金利推移」より

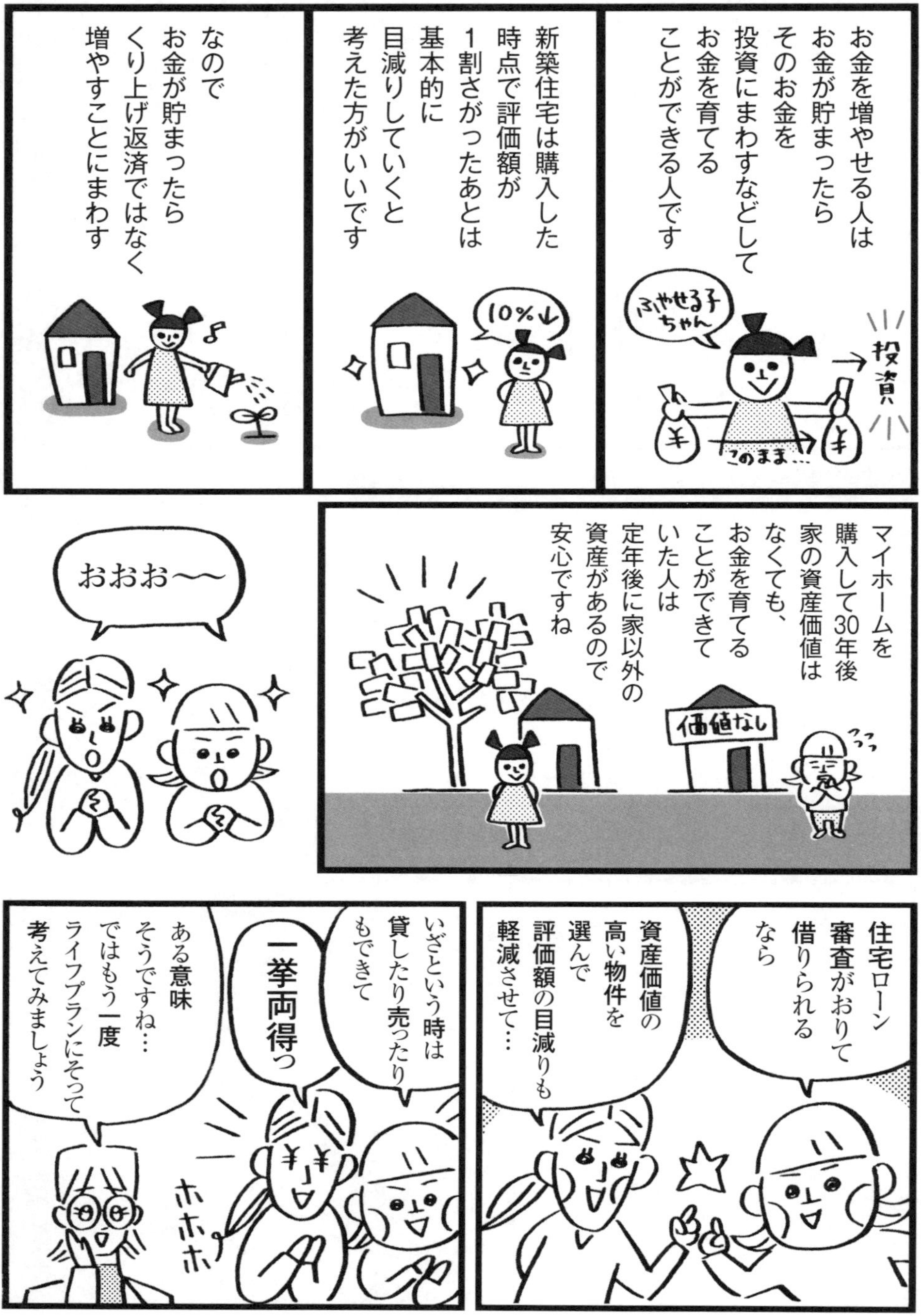
お金を増やせる人は
お金が貯まったら
そのお金を
投資にまわすなどして
お金を育てる
ことができる人です
ふやせる子ちゃん
投資
このまま…
新築住宅は購入した
時点で評価額が
1割さがったあとは
基本的に
目減りしていくと
考えた方がいいです
10%↓
なので
お金が貯まったら
くり上げ返済ではなく
増やすことにまわす
マイホームを
購入して30年後
家の資産価値は
なくても、
お金を育てる
ことができて
いた人は
定年後に家以外の
資産があるので
安心ですね
価値なし
おおお〜〜
住宅ローン
審査がおりて
借りられる
なら
資産価値の
高い物件を
選んで
評価額の目減りも
軽減させて…
いざという時は
貸したり売ったり
もできて
一挙両得っ
ホホホ
ある意味
そうですね…
ではもう一度
ライフプランにそって
考えてみましょう

ざっくりライフプラン
①結婚するつもりはありますか?
ハイ
保留
②もっとよい条件の会社への転職はありえますか?
あんまり
もちろん
③子供はほしいですか?
YES 多分
NO カナ?
④親に介護が必要になったら…
近くでケアしたい
人生の分岐点で自分がどうするかのイメージだけでも持っておくこと
ナヤ美の場合
結婚も出産もしたいから子育ての環境を考えたい。家を買うなら子どもが生まれてからのタイミングかな。夫婦合算で年収600万円以上をめざします!
キャリ子の場合
縁があれば結婚したいけどまずはキャリアアップして資産価値の高い物件を買うために年収を上げることが第一。転職は35歳から考えます
あ〜なんかスッキリした〜
二人とも人生のイメージができたようですね
はい!今は買う時ではありませんっ

今日は思いがけず いろいろ勉強 できて よかったねー
知らなかった ことをたくさん 聞けてよかった！
あ… そういえばね
前に話してた シッカリちゃんさ
マンション 買ったって 言ってたね…
シッカリちゃん
なんか、買った マンションは 駅からバスで5つ目で 歩いたら30分くらい かかるところで… さらに一人暮らしで 1LDKらしい…
STATION
BUS
ハー
それって…
そう… いわゆる…
シッカリちゃん すごいな～って 思ったけど
シッカリ しっぱい してた…って いう
シッカー
知らないって こわいナァ…
今日も1つ学んだ ナヤ美なのでした

5章 子育てしながらでもキャリアをあきらめない方法って？

このご時世、
結婚・出産しても女性が働き続けるのは
当たり前だっていってもなぁ～。
実際問題、仕事と子育てを
両立させることってできるの？
お金の問題もあるけど
好きな仕事を続けながら子育てしたいな！

そっかぁ…
まだ保育園きまらないんだ。まぁお母さんがみてくれるしいいじゃん？
うんうん、仕事復帰したばっかだし無理しないで。ハイ、ばいばーい
ピッ
コマ子大変だな…仕事もバタバタだろうにまだ保育園みつからないなんて…
みつかんないヨォ
どうしよォォォ
ウワサには聞いてたけどこれほどとは…このご時世お母さんが働くのって当たり前なのに
保育園
パン
パン
ガーン
ふんふ～ん
ま、今日は新しいDVDをゆっくりみるぞ～い
ブーン
ポテチ
だけど…
…
ポテチ
妹は近くに両親がいるからいいとして…
孫LOVE

もし私に子どもができたとしても待機児童になるのでは?
ダレカタスケテーッ
そう思うと子どもを産むことがますます不安なんですけど!
出産と子育てにまつわるお金や制度のことは2章で勉強したけれど…
そもそも今って女性のキャリアと子育てが両立できる社会なのか?
あ〜考えてもワカンネ…
プスゥ…
もしもしキャリ子?
またいらしたわね
ということで子育てと仕事について勉強しにきました
私も大変興味ありまーす
スチャ
はい、じっくりお話ししていきましょうね
よろしくおねがいします!

では
さっそくっ！
子育てと仕事を両立させる前提でキャリアについて教えてください！
自分の老後のことも考えると、とにかく働かざるをえないですし
今は子育て支援制度も充実していますし仕事をやめずにキャリアを積む方がいいと思います
働くゾ〜
子育て支援
ほっ。
だよね！このご時世だもんね
そう
そう
女性が働き続けるの当たり前だよね
くり返しになりますが
将来のいろんな可能性を忘れないでくださいね
「子はかすがい」といいますが、離婚する時はするもの
そんな時、仕事から離れていた子持ちの女性の再就職は厳しいですよ
仕事を続けた方が転ばぬ先の杖です
しごと〜
しごと〜
しごと〜
しごとがないよぉぉ〜
心にきざみます…

子持ちの再就職が厳しいならいっそ独身のうちに
子育てしながらでも働きやすい会社に転職しちゃう!?
でも子育てしながら働きやすい会社って？
？
りれき書
すちゃ
…
…
？
一番は周囲の理解やサポートがある会社でしょうね
たとえば……
人が足りている
TEAM!
先輩ママがいっぱい!
OK!
休みがとりやすい!
休み
妊娠中や職場復帰後はただでさえ周囲に気をつかいますもんね
時短やフレックスなど融通のきく勤務体制、そして男性が育休をとりやすい環境も大事です
フレキシブルに働ける!!
8:00
11:00
19:00
FLEXIBLE
CORE
FLEXIBLE
work time!
パパも育休!
ほうほう

国の仕事と家庭の両立支援策

こちらは国が企業に
働きかける子育てと
仕事の両立支援への
取り組みです

●法律にもとづく両立支援制度の整備

妊娠中・出産後の母性保護、母性健康管理
（労働基準法、男女雇用機会均等法）

・産前産後休業（産前６週、産後８週）、軽易な業務への転換、時間外労働・深夜業の制限
・医師の指導等にもとづき、通勤緩和、休憩、休業等の措置を事業主に義務づけ
・妊娠・出産を理由とする解雇の禁止など

育児休業等両立支援制度の整備（育児・介護休業法）

・子どもが満１歳（両親ともに育児休業を取得した場合、１歳２か月）まで（保育所に入所できない場合などは最長２歳まで）の育児休業
・子どもが３歳になるまでの短時間勤務制度、所定外労働の制限
・育児休業を取得したことなどを理由とする解雇、その他の不利益取り扱いの禁止など

●両立支援制度を利用しやすい職場環境づくり

【次世代法にもとづく事業主の取り組み推進】

・仕事と家庭を両立しやすい環境の整備などに関する行動計画の策定・届出・公表・従業員への周知
・一定の基準を満たした企業を認定
・認定企業に対する税制上の措置

【助成金を通じた事業主への支援】

・短時間勤務制度の導入など、両立支援に取り組む事業主へ各種助成金を支給

【表彰等による事業主の意識醸成】

・仕事と家庭のバランスに配慮した柔軟な働き方ができる企業を表彰
・両立支援総合サイト「両立支援のひろば」による情報提供
・両立支援の取り組みをより効果的に推進するためのベストプラクティス集の普及

●その他

・長時間労働の抑制、年次有給休暇の取得促進等、全体のワーク・ライフ・バランスの推進
・男性の育児休業取得促進など、男性の子育てへの関わりの促進
・保育所待機児童の解消、放課後児童クラブの充実、ファミリー・サポート・センター事業の実施
・子育て女性等の再就職支援（くわしくは114ページ）

くわしい情報はサイトへ!

厚生労働省《両立支援のひろば》

企業が行う女性の活躍・両立支援を紹介するサイト。
働く人と事業主双方に役立つ、両立支援の情報などが載っている
http://ryouritsu.mhlw.go.jp

企業が行っている両立支援の取り組みの例

育児休暇を最大３年に延長

育児・介護休暇中の経済支援

事業所内に託児所を設置

育児休暇を何日か有給にすることで男性社員の育児参加を促進

育児・看護・介護休暇の何日かを有給に

もしも転職するなら
給与だけじゃなく
福利厚生も重視
しなくちゃ
いけませんね！
ところで…
あなたたち
自分の勤め先の
制度は
どうなっているか
ご存じ？
うーん？
….よく知りません…
じつは
あなたたち
のように
知らない人が
多いんです
理想をいえば結婚前に…
もっといえば就職活動の時点で
そういった
会社の福利厚生を
確認した方がいいです
産休、育休は….
旦那が
高収入なら
よろこんで育児に
専念するん
ですけどね～
何度もいいますが
今の時代、
専業主婦は
セレブだけ
ですからね
ですヨネー！

国としては、※指導的地位にある女性の割合を上げていこうとする一方で出生率も上げたいので、積極的に支援を行うわけです
女性の地位をUP!!
出生率UP!!

※指導的地位とは、①議会議員、②法人・団体等における課長相当職以上の者、③専門的・技術的な職業のうち、とくに専門性が高い職業に従事する者。国際的にみて日本は割合が低い。

○○社保育ルーム
人材は会社にとって財産なので優良企業ほど有能な社員にやめてほしくはありません。最近では社内に保育ルームを設ける会社も増えてきています
いってらっしゃーい
勤務先に保育ルームがあるだなんて、ステキですね～
企業だけでなく市区町村でも支援に差があります
手当あるよー!!
保育園多いよ!!
高3まで医療費がタダだよ!
子どもができる前にしらべたら、待機児童にならずにすむかもしれませんよ
だからどこで育てるかが大事なんですね

国が情報発信している応援プラン

経験を活かした地域貢献等の支援

- 子育て支援員の研修を実施
- 高齢の方が子育て支援へ参画できる機会を拡大（シルバー人材センター）
- 地方へ移住して地域おこし活動を行う方を支援（地域おこし協力隊）

専門資格等を生かした再就職支援

- ハローワークで介護・看護・保育分野で就職を希望する求職者への支援を実施
- 保育士・看護師等の復職支援を強化

ひとり親家庭の方への就職支援

- 自営型の在宅就業を希望する方をサポート
- 高卒程度認定試験受験のための講座受講費用を支援

女性のアイディアで地域を元気づける起業支援

- 新規開業前や開業後１年以内の女性への貸付金利引き下げ
- 起業時の店舗借入費や設備費等を補助

家事や子育てと両立可能な就職・再就職支援

- マザーズハローワーク事業の拠点を拡大
- １日の訓練時間が短い職業訓練や託児サービス付き職業訓練を拡大

内閣府男女共同参画局「女性のチャレンジ応援プラン」より

もし何かの事情でいったん仕事を離れても、家事や子育ての経験を生かせる、「女性のチャレンジ応援プラン」というのもあります
こういう支援もあるんですね

マザーズハローワーク？
ママ専用の職業安定所ですか？
はい
ママ向けに特化した求人を紹介してくれます
特化した求人というと？
へぇ！
育児支援制度がある
社内に保育施設がある
残業が少ないなどなど
キッズコーナー
相談やセミナーを受講している間子どもを預かってくれるキッズコーナーもあります
安心！
マザーだけではなくシングルファーザーにも対応し子育てと仕事を両立したい男性の就職支援もしています
時間デスヨ!!
全国にあるんですか？
全国194か所にあります。所在地は厚生労働省のサイトで確認してみてくださいね
検索：マザーズコーナー

キャリアの積み方として他の方法は…
やっぱり資格とかですか？
求められる資格を取れば給与アップにつながるかもしれませんね
なんとなくだけど簿記や税理士の資格があると重宝されそう～
※イメージ
経理の求人ってたしかに多そうね
求人が多いことも大事ですが、得た知識が家族の役に立つとよりいいですよね
SUPER MAMA
ナルホド
母として
1章で教えてもらった看護師や介護福祉士って、そういう側面ありますね
でもどっちも仕事をやめて学校に通わなきゃ取得できないね
もっと始めやすいものはありませんか？

子育てしながら働き続けるために役立つ職業※

調剤薬局事務

業務内容：

受付での処方箋の受け取り、会計、診療報酬明細書の作成

メモ

薬剤の知識を得ることができるために子どもに処方された薬について自分で知ることができて安心。

医療事務

業務内容：

受付、会計、診療報酬明細書の作成、患者さんへの応対

メモ

医療施設は全国約18万か所あるので、夫の転勤先で仕事をさがしやすい。

歯科助手

業務内容：

受付、会計、診療報酬明細書の作成、器具の準備

メモ

歯科医院も全国どこにでも（約7万か所）あり、仕事をさがしやすい。

介護事務

業務内容：

書類作成、電話対応、介護給付明細書、ケアマネジャーのサポート

メモ

超高齢化社会の現代、需要が高まっている仕事。デスクワークなので、体力的にも安心。

通信教育で取れる
資格もあります。
また、資格がなくとも
子育てに役立つ
職業はあります

子育てしながら働き続けるために役立つ資格

行政書士

勉強期間：6か月～

資格試験回数：年1回

合格率：約10%

メモ

独立して自宅で仕事することもでき、また法律の知識を持っていると就職に有利。教育訓練給付制度（くわしくは118ページ）を使うと学費の20%が支給される。

簿記検定2級

勉強期間：3か月～

資格試験回数：年3回

合格率：約30%

メモ

企業にもっとも求められる資格の1つなので安定して求人があり、2級以上ならば評価を得られ、就職に有利。

※専門的な用語をあつかうため、それを勉強する通信講座もあります。

ハローワークで受けられる資格取得訓練

求職者支援制度
（職業訓練受講給付金）

雇用保険の対象でない求職者向けの助成制度。ハローワークの指示を受け職業訓練を受講することで、月額 10 万円の給付金を受けられる。ただし支給には一定の条件を満たしている必要がある。

教育訓練給付制度

国が指定する職業訓練講座を受け修了した場合に、本人が支払った費用の一部を国が負担してくれる制度で、費用の 20%が助成される。ただし、上限は 10 万円までで、かかった費用が 4000 円未満の場合は助成なし。基本的に雇用保険に加入しているか、または加入していた人が対象で、通信講座でも指定されているものなら OK。

公共職業訓練

求職中の人が無料で受けられる訓練。国や都道府県が実施するものや、都道府県の委託を受け、民間が実施するものがある（テキスト代等は実費負担）。

さらにハローワークには資格取得に向けた**教育訓練制度**もあります

費用を助成してもらえるのは心強い！
どれどれ
スゲー!!
看護師に保育士…メジャーなものからマイナーなものまでいろいろそろってる！
おお〜
さっそく「教育訓練給付制度」で検索だね！
教育訓練給付制度

簿記の資格を取ろうかな〜。経理部に異動の辞令が出ても対応できるし
来月から異動ね
上司
家計の管理とかにも役立ちそうだよね!?
家計ボ
じゃあさ、いっしょに勉強しようよっ
ヤダ、このノリ学生のときみたいでたのしい〜！
若がえりそ〜
キャッ
キャッ
う〜ん
その異動の辞令を出す会社自体が
10年先もあるかどうかわかりませんけどねぇ…
!?
まさか…会社がなくなるんですか？
簿記じゃダメですか…？

4章でもいいましたが、時代は刻々と変化しているので10年先に何が待ち受けているかわかりません
はい
何度もいうようにいろんな可能性を考えて人生のプランを立てるべきです
資格でもおなじことですよ
というと？
つまり資格を取るなら10年後もニーズのある仕事を想像しましょう
10 YEARS
10年後もニーズがある…??
てことは、10年後経理関係のスキルにはニーズがないんですか!?

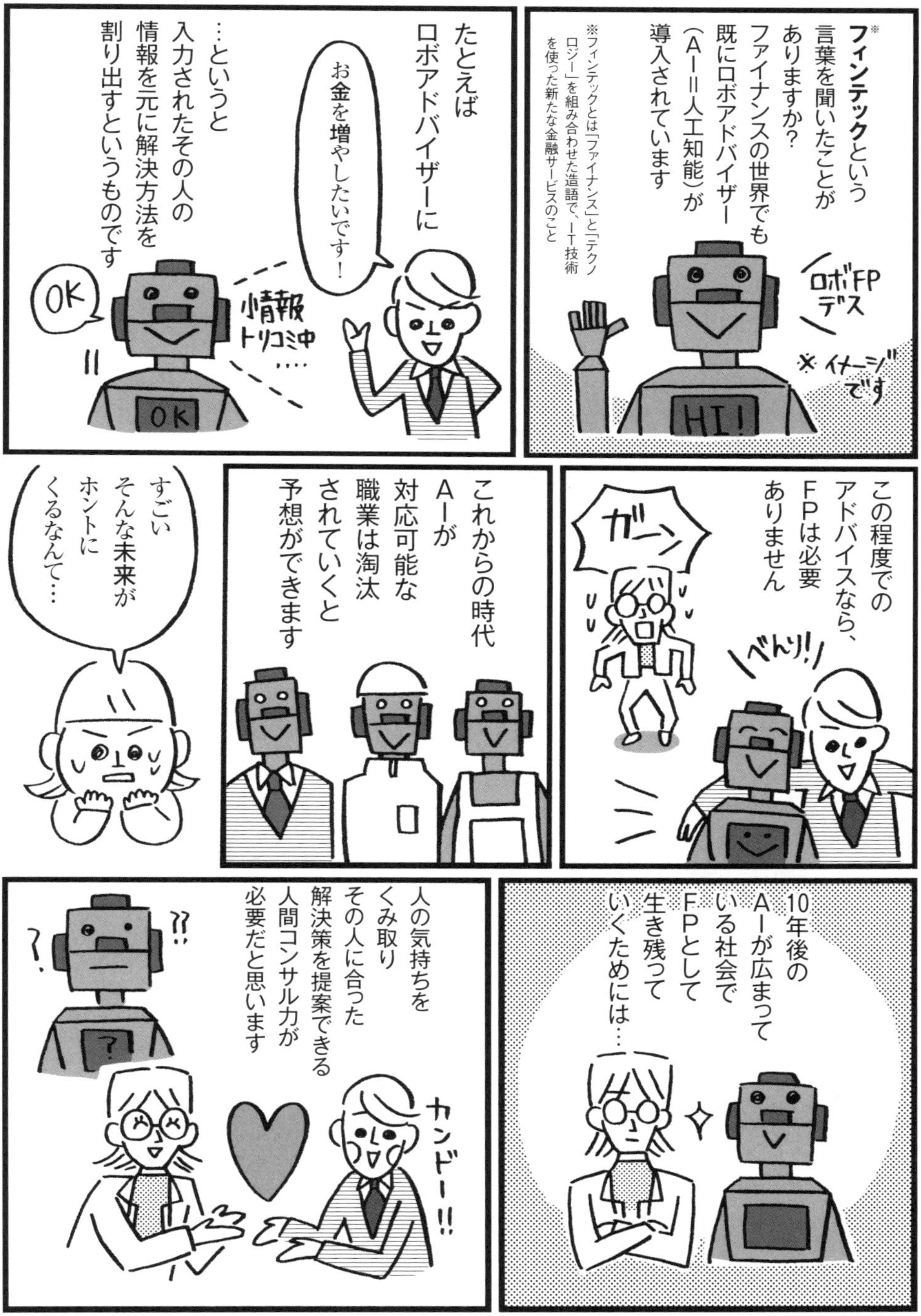
フィンテック※という言葉を聞いたことがありますか？ファイナンスの世界でも既にロボアドバイザー（AI＝人工知能）が導入されています
※フィンテックとは「ファイナンス」と「テクノロジー」を組み合わせた造語で、IT技術を使った新たな金融サービスのこと
ロボFPデス
※イメージです
HI!
たとえばロボアドバイザーに
お金を増やしたいです！
…というと入力されたその人の情報を元に解決方法を割り出すというものです
情報トリコミ中…
OK
OK
この程度でのアドバイスなら、FPは必要ありません
ガーン
べんり!!
これからの時代AIが対応可能な職業は淘汰されていくと予想ができます
すごいそんな未来がホントにくるなんて…
10年後のAIが広まっている社会でFPとして生き残っていくためには…
人の気持ちをくみ取りその人に合った解決策を提案できる人間コンサル力が必要だと思います
??!
?
?
カンドー!!

10～20年後
AIによる代替の可能性が高い
仕事

- 一般事務員
- 医療事務員
- 受付係
- 銀行窓口係
- 出荷・発送係員
- 新聞配達員
- スーパー店員
- データ入力係
- レジ係

そんな未来でも生き残れる仕事っていうのは…
それはこちら

10〜20年後でも
AIによる代替の可能性が低い
仕事

・医療ソーシャルワーカー
・ケアマネジャー
・小児科医
・助産師
・精神科医
・保育士
・報道カメラマン
・法務教官
・理学療法士

野村総合研究所（NRI）「国内601種の職業ごとのコンピューター技術による代替確率の試算」より。NRIとオックスフォード大学オズボーン准教授、フレイ博士の共同研究。本試算はあくまでもコンピューターによる技術的な代替可能性の試算であり、社会環境要因の影響は考慮していない。

やっぱり医療関係が多いですね

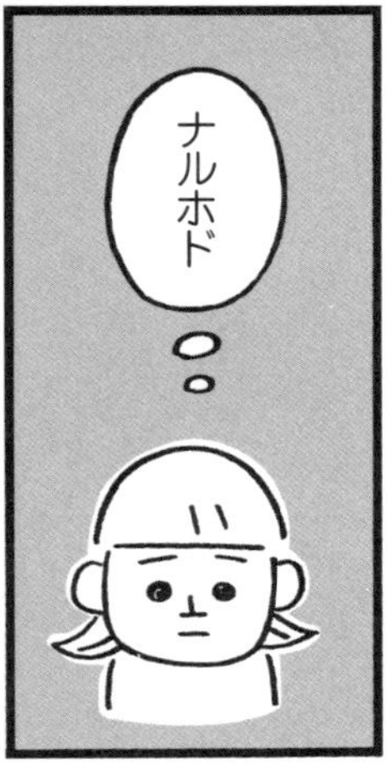
ナルホド

人と直接関わり、人を助ける仕事が求められているのか…

人間的で繊細さを要求される仕事が生き残るといわれています

やっぱり医療関係か… でも今から資格を取るのは…
ぜったいムリ。
個人的に思うことをいってもいいかしら?
まずは自分が興味をひかれることをはじめた方がいいと思います
ここまでマイナスの将来予測ばかりでしたが好きでやってきたことが収入につながるプラスの可能性もあります
何よりも好きなことをした方が人生はたのしいと思います
…
日本酒が好きすぎて唎酒師《ききさけし》になった人やワインが好きすぎてソムリエになる人もいますもんね…
たとえがお酒ばっかだな…
好きならとことんやれるし、何事も追求次第でプロも夢ではなくなりますよ

今までは儲けることで頭がいっぱいだったけど大好きなワインを輸入してそれを販売する会社とかいいかもしれない…
私、アイドルが大好きだけど…これって人に元気をあたえてる姿に憧れてたのかもしれない。私なりにそういう仕事ができるのかもしれない
たしかに…
年をとっても、なんかたのしそう
やみくもに資格を取らない方がいいということがわかってきました
うんうん
年々平均寿命がのびてまだまだ人生先が長いわけです
定年後の暮らしが豊かなものになるようなことをはじめた方が、現在の暮らしも充実すると思いますよ
AROMA

特にこれといって取りたい資格も趣味もない場合は

COFFEE
SWEETS
SHOPPING
DIARY

自分自身を観察してみること。休みのときに何をしているか思い出してみる。何に時間をかけているかがわかれば、好きなことややってみたいことがみえてくるはずです

人がたくさん集まるような場所に行ってみる。動いて情報を集めるのはとても大事なことです

とにかく本を読む。本を読めばすべて自分の肥やしになります

何事にも好奇心を持つこと。自分の仕事の意義も見出すことになります。熱意を持って仕事に取り組むことができ、モチベーションもスキルもアップします

自分を
みつめ直す
ということですね…
そうすると、
おのずと進むべき
方向性がみえてくる
と思いますよ
がんばってね
ありがとう
ございました
AIに仕事を
奪われる時代が
くるって!?
10年後って
あっという間
じゃん!?
はあぁ
ああ!?
20歳から
30歳まで、
本当に早かった
もんね…
30から40までの
方がもっと早く
感じるらしいよ。
坂道をころがる
ように…
30代
40代
うあああぁ
どよん…
ころがる…
ダッテ…
ウケル…
ハハ…

まぁ、まずは
10年先のことより
目の前の料理ですよ
10年後に
生き残る職業に
料理人って入ってた？
教えてもらった
中には
入ってなかった
ような…
もし料理人が
AIになったら
何だか味気ないねえ
個人のお店は
さすがに
人間でしょ！
ガンコ一徹な大将が
AIとか
ありえないよね！
でもレシピを
インストールしたら
まったくおなじ味を
再現、とか
できそうだよね…
ありえる〜！
オマタセシマシタ。
コチラ、
ミシュランミツボシヲ
カンペキニ再現シタ
オリョウリデゴザイマス
おお〜〜!!
こんな日も
近いのカナー
また1つ未来の
可能性を考える
ナヤ美なのでした

30代から気をつけたい女性の病気Q&A②

そろそろ大きな病気にかかることもあるのでは、と気になってくる年齢。大事に至る前に、正しい知識と今からできることを吉野先生にたずねました。

お答えします！
吉野一枝 先生

女性に多いがん

Q 最近30代の女性が乳がんにかかった話を聞き、自分にもその可能性があるのではと心配です。やはり検診に行った方がいいのでしょうか。

A 女性が多くかかるがんで知られるのは、子宮がん、乳がん、卵巣がんの3つですが、30代でまず気をつけなければいけないのは子宮がんの中でも、子宮頸《けい》がんです。

【子宮頸がん】

子宮頸がんは、子宮の入口部分（頸部）にできるがんで、発症は主に30～40代ですが、20～30代では患者数がもっとも多いがんです。初期はほぼ自覚症状がなく、気づいたときには進行していたというケースが少なくありません。ある程度進行した状態でみつかった場合には子宮を取る必要があり、かなり進行していると命にかかわる危険もあります。

子宮頸がんの原因は、性交経験のある人の80％が感染するヒトパピローマウイルス（HPV）で、ふつうは感染しても自然に排除されますが、長く感染が続くと、細胞が少しずつがん細胞へ変化してしまうのです。

不安……

予防方法としてはワクチン接種、早期発見には検診が必要です。HPVには200種以上の型があり、その中で子宮頸がんをつくるのは15種類といわれています。ワクチンで予防できるのは20〜30代の子宮頸がんの原因の80%を占める16型と18型の2つです。ただし、100%の予防はできないので、あわせて検診を受けることが大切です。まれに性交経験がなくても、不明な感染経路によりがんができることがあるので、20歳を過ぎたら子宮頸がん検診を受けましょう。

子宮がんにはもう1つ、子宮体がんがありますが、これは子宮の奥（体部）にがんができ、多くは40代後半から増えてくる病気です。

【乳がん】

乳がんも40〜50代で発症することが多いがんです。しかし、母親など家系内に乳がんにかかった人がいる場合は、早いうちから検診を受けましょう。症状がなくとも、30代になったら毎年乳がん検診を受けてください。

出産経験がない30代前半の方はマンモグラフィー検診よりも超音波（エコー）検診を受けることをオススメします。また35歳以降の方、もしくは30代前半でも出産・授乳経験がある方はマンモグラフィーと超音波を併用した検診を受けましょう。

【卵巣がん】

卵巣がんは40代から発症する人が増加し、50〜60代でピークを迎えますが、最近では若い年代でも発症することがあります。初期は自覚症状がほとんどないため、年1回の検診を受けることがとても大切です。卵巣がんは昔に比べ3倍ほど患者が増えており、妊娠・出産の回数が減り、排卵回数が増えたのが原因と考えられています。

低用量ピル

Q 友人が生理トラブルのためにピルを飲んでいますが、どんな効果がありますか。また、服用して身体に問題はないのでしょうか。

A ピルを避妊のための薬と思っている人は多いですが、今では女性のさまざまなトラブルに対する治療薬としても、有効活用されています。

ピルはどんな薬?

そもそもピルはホルモン剤の一種で、女性ホルモン（卵胞ホルモンと黄体ホルモン）からつくられます。含まれる卵胞ホルモンの量によって、超低用量、低用量、中用量、高用量と分けられますが、現在広く服用されているのは低用量のピルです。以前は中用量、高用量ピルが主流で、飲むと具合が悪くなるといわれていましたが、今普及している低用量、超低用量のものでは、そういったトラブルは軽減されています。

ピルを飲むと、血中の女性ホルモン濃度が低く一定に保たれ、排卵が止まり、卵巣が眠った状態になります。また、卵胞ホルモン濃度が上がらないので、子宮内膜も厚くなりません。そのため、子宮内膜の増殖、排卵、ホルモンの変動などによって起こる病気を抑えられるのです。

ピルを服用するメリット

ピルを使うメリットには、主に「避妊」「生理のコントロール」「子宮内膜症や卵巣がんなどの病気・不妊症の予防」などがあります。

まず、排卵が止まるので受精がなく、万一排卵が起きても子宮内膜が薄く着床できず、妊娠の可能性は低くなります。飲み忘れ、飲み間違いがなければ、ピル服用は女性が自分でできる、より確実な避妊方法です。

次に、ピルを飲むと、生理痛が軽くなり、出血量も減ります。このため、現在は月経痛の治療薬として、5種類のピルが保険適用になっています。また、旅行などの予定にあわせて生理の日を移動させることもできます。そして、最近では月経前症候群（ＰＭＳ）といって、生理開始３～10日ほど前から、イライラや下腹部痛などの精神的・身体的な症状が出て、社会生活に影響が出る人も増えています。このようなＰＭＳの改善にもピルは有効です。また、排卵が止まり、子宮内膜も薄くなるため、生理のたびに悪化する子宮内膜症や、排卵で卵巣が傷つくことによる卵巣がんのリスクも減ります。毎月くり返される排卵・月経で卵巣や子宮にかかる負担を減らせるので、不妊症のリスクも軽減します。

いわゆる「産みどき」はホルモンの低下がはじまる35歳までといわれます。卵巣は元気な赤ちゃんになる質のいい卵子から排卵するので、妊娠を希望しない時期の無駄な排卵をピルで休んでおくと、35歳を過ぎても、ある程度妊娠しやすい状態に身体を保てることが多いのです。

ピルの服用には婦人科の受診が必要ですので、まずはかかりつけの婦人科医に相談してみてください。

服用の不安は医師に相談を

ピルにも残念ながら他の薬と同様、副作用があり、主なものは飲みはじめ２～３か月で起こる吐き気や胸の張り、頭痛、腹痛などです。ただし、今のピルはホルモン量が少なく、このような副作用は出にくくなっています。吐き気止め、胃薬、鎮痛剤などとの併用もできます。まれに起きる重篤な副作用に血栓症がありますが、喫煙や妊娠に比べて頻度は低く、飲んで３か月も過ぎればリスクは減っていきます。また、血栓症の初期症状に気をつけていれば重篤になることもありません。以前、ピルを服用すると乳がんになるという説がありましたが、現在ではピルの服用にかかわらず、発症率は変わらないことがわかっています。

また、薬で排卵を止めるのは自然に反しているとピルの服用をためらう人もいます。しかし、昔のように10代から子どもを産み育て続け、閉経を迎えるなら自然に任せてもいいのですが、現代のように仕事をして、出産は30代以降という状況では、本来、妊娠・出産で休めたはずの卵巣や子宮がより長く働き続けなければいけなくなり、病気や不妊症になるリスクも高くなっているのです。

女性が社会で活躍できるようになったのは進歩であり喜ぶべきこと。ライフプランに応じ、女性自身で妊娠・出産をコントロールするために、ピルを有効に活用してください。

6章

考えておかなきゃいけない！
親の介護と自分の老後

気づいたらお父さんとお母さんはもう 60 代。
いつまでも元気なままでいると思ったら
大間違いかも。
自分だって同じように年をとっていくんだ…。
親の介護と自分の老後。
もしものために今から準備したいけど、
具体的にはどうすればいいの？

ふい〜
よいしょ
スヤ〜
やっと
ねてくれた
わね〜
って
アイタタタタッ
ちょっと
お母さん!!
大丈夫っ!?
お母さんも、もっと
自分の身体を
いたわらないと…
あんたの部屋に
荷物をはこんでたら
腰を痛めちゃった
のよね〜
私の
部屋に
荷物?
とりあえず
使わないもの
アレコレね〜
トントン
私に
無断で!?
いいじゃない
使ってないんだし
物置として
使ってもさ〜
だっ
ガチャ
ワ!!!
うわあ
何これ!?

もし介護が必要になったらここを売ってお母さんと介護つきの住宅に入ろうと思って…
だからおまえたちも荷物だけでも少しずつ片づけておけよ
そ…そんなの…
そんなのまだ先の話でしょ！
んも〜
そうだよ急にやめてよ〜
まだ先って思っていてもあっという間だぞ
こわいことだけど今から考えておいて損はないと思うわ
……
その夜
ぐすん
ぐすん
ぐすん
そうだよね…いつまでも今の生活が続くのが当たり前と思っちゃダメだよね
と、いうわけで

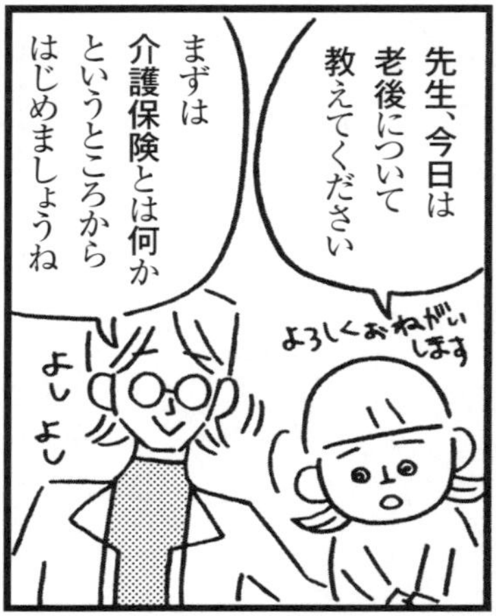
先生、今日は
老後について
教えてください
よろしくおねがいします
まずは
介護保険とは何か
というところから
はじめましょうね
よしよし

介護保険とは公的な制度です。
保険料は65歳以上の
第1号被保険者と40～64歳の
第2号被保険者から徴収
することになっています。
第1号は原則年金から
第2号は医療保険の保険料と併せて
天引きされる仕組みになっています
老後は介護に
一番お金がかかるので
まず、介護保険料について
知っておきましょう
自分のためにもネ。

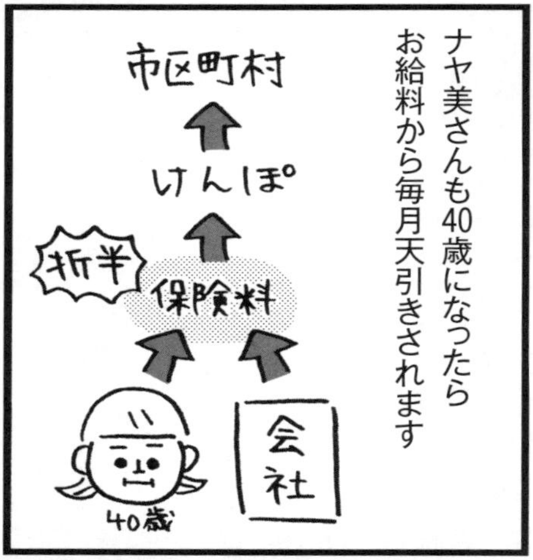
ナヤ美さんも40歳になったら
お給料から毎月天引きされます
市区町村
けんぽ
折半
保険料
40歳
会社

65歳以上が支払う保険料
〔全国平均（月額・加重平均）〕

平成24～26年度
＝**4972**円

平成27～29年度
＝**5551**円

平成37年度には
8165円になる見込み

厚生労働省「公的介護保険制度の現状と今後の役割」より
※40歳～64歳の介護保険料は、保険組合、市区町村によって料率が異なります。

介護保険料の
金額は市区町村や
収入によって
異なります

保険料を支払う
ということは
介護保険サービスも
利用できるんですか？
40～64歳の人は
特定疾病によって
必要な場合に限って
利用できます

40～64歳が介護保険を使う場合の特定疾病の条件

【特定疾病とは】

特定疾病とは、心身の病的加齢現象との関係があると考えられる疾病のこと。次のいずれの要件をも満たすものについて総合的に判断される。

①65歳以上の高齢者に多く発症しているが、40～64歳の年齢層でも※罹患率や有病率から加齢との関係が認められる疾病で、医学的に明確に定義できるもの。

②3～6か月以上継続して要介護状態または要支援状態となる割合が高いと考えられる疾病。

※病気の発生率のこと

【特定疾病】

- がん末期（医師が一般に認められている医学的知見にもとづき回復の見込みがない状態に至ったと判断したものに限る）
- 関節リウマチ　・筋萎縮性側索硬化症　・後縦靭帯骨化症
- 骨折を伴う骨粗鬆症　・初老期における認知症
- 進行性核上性麻痺、大脳皮質基底核変性症およびパーキンソン病（パーキンソン病関連疾患）
- 脊髄小脳変性病　・脊柱管狭窄症　・早老症
- 多系統萎縮症　・糖尿病性神経障害、糖尿病性腎症および糖尿病性網膜症
- 脳血管疾患　・閉塞性動脈硬化症　・慢性閉塞性肺疾患
- 両側の膝関節または股関節に著しい変形を伴う変形性関節症

厚生労働省「特定疾病の選定基準の考え方」より

要するに
仮に40代でも
65歳以上の高齢者と
同等の疾病を発病した
場合限定ですね
では65歳以上であれば
誰でもサービスを
受けられるのですか？
要支援や
要介護と
認定されなければ
受けられません
そっか。
認定されないと
ダメなのか…
どの程度の状態
から認定して
もらえるんですか？
そうねぇ
日常生活に
支障をきたすとか…
まずはちょっと
困ってきたなと
感じたときなどに…
市区町村の
窓口（地域包括
支援センター・
よろず相談窓口）
に相談して
みましょう
Step ①
まずは
電話で
相談
Step ②
申請が
認定されれば
支援スタート

要介護認定の申請に必要なもの

- 介護保険被保険者証
（40〜64歳の場合は医療保険証）
- 認定申請書・主治医意見書・印鑑

申請は市区町村の介護保険課窓口か地域包括支援センターで行います。
お金はかかりません。

ここで**介護認定申請**の手順を説明しましょう
保険証
印鑑
申請書
意見書

市区町村の調査員や委託を受けたケアマネジャーが自宅や施設を訪問し心身の状態を調査します
調査

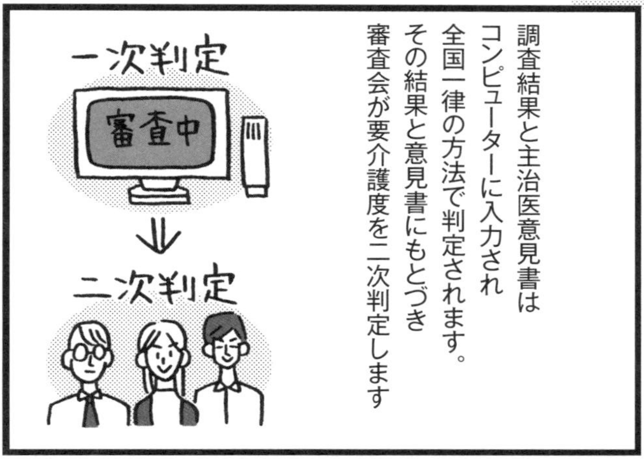
調査結果と主治医意見書はコンピューターに入力され全国一律の方法で判定されます。その結果と意見書にもとづき審査会が要介護度を二次判定します
一次判定
審査中
二次判定

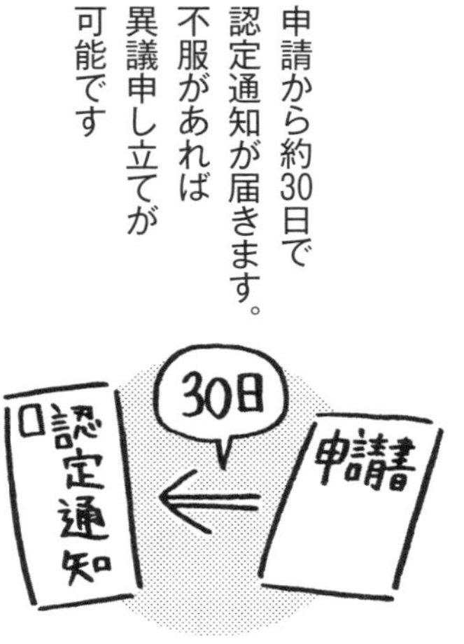
申請から約30日で認定通知が届きます。不服があれば異議申し立てが可能です
30日
申請書
認定通知

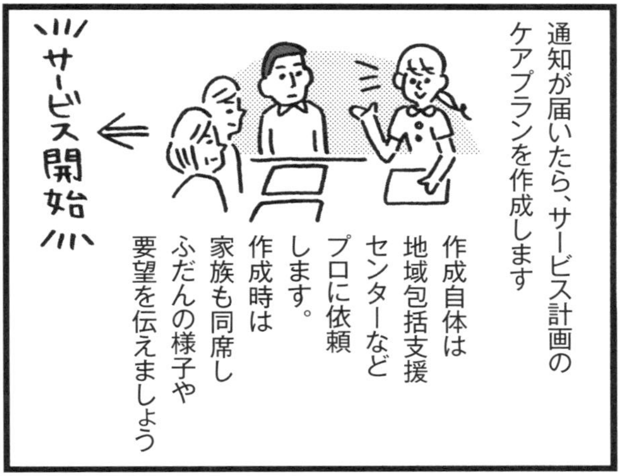
通知が届いたら、サービス計画のケアプランを作成します
作成自体は地域包括支援センターなどプロに依頼します。
作成時は家族も同席しふだんの様子や要望を伝えましょう
サービス開始

要支援1から要介護5までの
要介護度によって受けられる
サービスがちがってきます。
くわしくは厚生労働省HPや
役所で確認してみてください

要介護
要支援

サービスってタダじゃないですよね…
はい 介護保険サービスを利用した場合の負担額はかかった費用の1割、または※一定以上の所得がある方は2割です

※一定以上の所得とは、年間の合計所得金額が160万円以上（単身で年金収入のみの場合、年収280万円以上）。

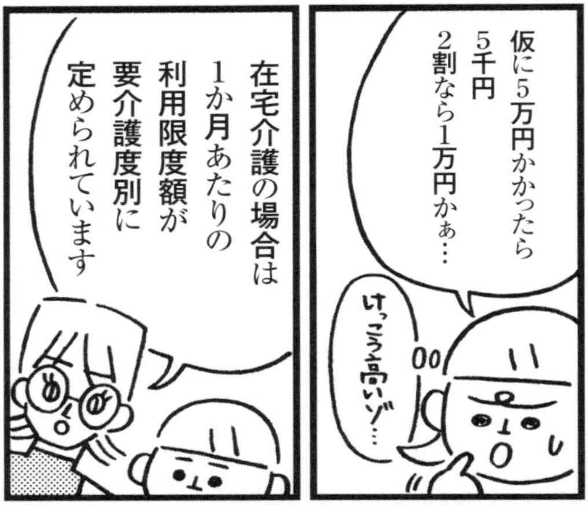

仮に5万円かかったら
5千円
2割なら1万円かぁ…
けっこう高いゾ…
在宅介護の場合は1か月あたりの利用限度額が要介護度別に定められています

居宅サービスの
1か月あたりの利用限度額

要支援 1	5 万 30 円
要支援 2	10 万 4730 円
要介護 1	16 万 6920 円
要介護 2	19 万 6160 円
要介護 3	26 万 9310 円
要介護 4	30 万 8060 円
要介護 5	36 万 650 円

厚生労働省「サービスにかかる利用料」より

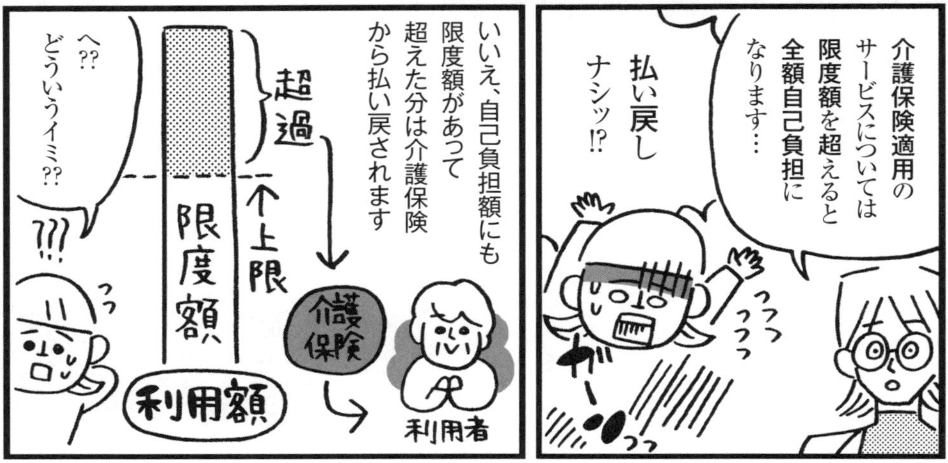

介護保険適用のサービスについては限度額を超えると全額自己負担になります…
払い戻しナシッ!?
いいえ、自己負担額にも限度額があって超えた分は介護保険から払い戻されます
超過
上限
限度額
利用額
介護保険
利用者
へ?? どういうイミ??
???

●自己負担額が高額になってしまった場合の軽減措置

月々の1割負担（福祉用具購入費等、一部を除く）の世帯の合計額が、所得によって区分される

高額介護サービス費の自己負担の限度額（月額）

（平成29年8月現在）

区分	負担の上限（月額）
① 現役並み所得者（※1）に相当する方がいる世帯の方	4万4400円（世帯）
② 世帯内のどなたかが市区町村民税を課税されている方	4万4400円（世帯）
③ 世帯の全員が市区町村民税を課税されていない方	2万4600円（世帯）
・老齢福祉金を受給している方 ・前年の合計所得金額と公的年金等収入額の合計が年間80万円以下の方等	2万4600円（世帯） 1万5000円（個人）
④ 生活保護を受給している方等	1万5000円（個人）

厚生労働省「月々の負担上限（高額介護サービス費の基準）が変わります」より

→この上限額を超えた分が介護保険から払い戻される

※1 同一世帯内に65歳以上で課税所得145万円以上の方がいる場合

●②で次の場合は年間の上限が44万6400円（3年間の時限措置）

1）同一世帯のすべての65歳以上の方の利用者割合負担が1割

2）世帯が現役並み所得者世帯に該当しない

具体的には…

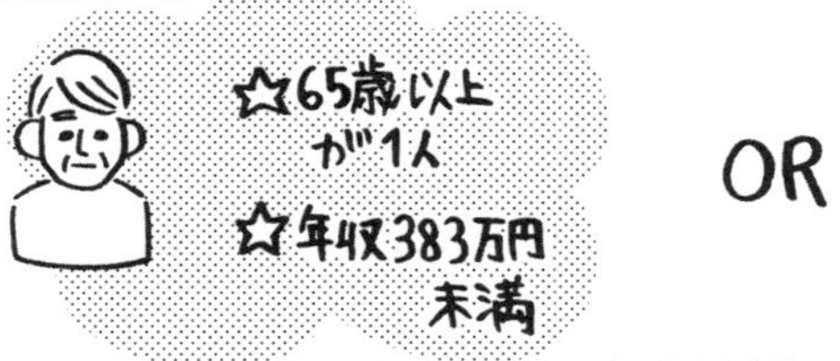
☆65歳以上が1人
☆年収383万円未満
OR

☆65歳以上が2人以上
☆年収が合わせて520万円未満

※65歳以上であれば介護サービスを受けていない人の収入も合計されます

合算した時の自己負担限度額

		後期高齢者医療制度＋介護保険	被用者保険又は国保＋介護保険※1	被用者保険又は国保＋介護保険※2
現役並み所得者		67万円	67万円	126万円
一般		56万円	62万円	67万円
低所得者	Ⅱ	31万円	31万円	34万円
	Ⅰ	19万円	19万円	

厚生労働省「高額医療・高額介護合算療養費制度の算定基準額（限度額）」より

おなじ医療保険の世帯内で医療保険と介護保険の自己負担限度額が合算で年間500万円を超えると申請をすれば超過分が支給される制度もあります

以下のものは対象外なので注意です

対象外のもの

・福祉用具購入費、住宅改修費の1割（または2割）負担分
・施設サービスの食費、居住費、日常生活費など
・介護保険の給付対象外の利用者負担分
・支給限度額を超え、全額自己負担となる利用者負担分

※1　70〜74歳がいる世帯
※2　70歳未満がいる世帯

※高額療養費の自己負担限度額の区分。くわしくは73ページへ。

要介護３・在宅介護・
※設定区分が第５段階の場合

A：1か月の利用限度額　26万9310円

B：1か月にかかった費用　30万2500円

A−B＝ −3万3190円（支給限度額超過分）

高額介護サービス費における上限額は４万4400円ですから、超過した３万3190円は上限額以内のため全額自己負担に。

1か月の自己負担額は
2万6931円（Aの1割）＋3万3190円
＝6万121円となります。

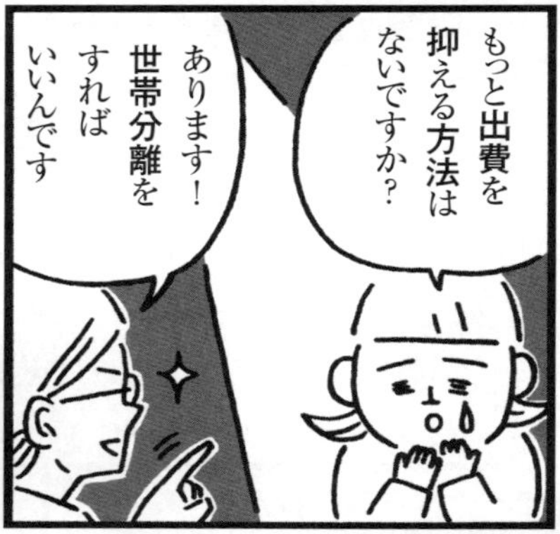

高齢介護サービス費の限度額は世帯収入で区分されているので家族の所得によって介護費用は変わってきます
費用を少しでも抑えたいのなら世帯分離も1つの方法です

やってみよう☆
世帯分離!!
シミュレーション
親子
小学生の子ども2人
パートの妻（38）
会社員（43）
住民税非課税の母（70）
※息子夫婦の収入があるため「現役並み所得者」に区分される
住民税非課税の母がいる息子。そろそろ一人暮らしが心配になってきたので同居することにした
子どもたちを大学まで行かせたいし自分たちの老後も心配…
母に介護が必要になった場合妻が全面的にやるとなると、お金を貯蓄にまわせなくなるし妻のストレスも心配
母のために受けられるサービスは利用したい。同時に出費も抑えたい
そこで
……
通帳
住民登録の際母親と世帯を分ける。これが世帯分離です
世帯A
世帯B
①世帯分離した場合…介護保険サービスの限度額
2万4600円
②同一世帯の場合…同限度額
4万4400円
もし
負担額が3万5000円の場合、世帯分離なら
1万400円
が還付される！
ホウホウ

おなじ家に住んでいても世帯って分けられるんですね
ただ、所得の段階区分が変わらないなら意味がないので要確認ですよ!!
141ページをチェックしてくださいネ
払い戻しを受けるためにはこれも市区町村に申請が必要です
窓口
受付
え〜
またぁ〜?
なんでもかんでも申請しないともらえるものももらえないんですねぇ
めんどい〜
そうですね
ただこのような制度の存在を知っているかどうかが大きな差になると思いますよ
正論の輝き
おっしゃる通りです…
反省
話は変わりまして!
老人ホームに入ると月額どのくらいかかるものですか?
老人ホームや介護施設は市区町村の介護保険施設なのか民間の施設なのかで費用がさまざまです
まずは特別養護老人ホームの場合をみてみましょう

特別養護老人ホームの１か月の自己負担の目安

	要介護５の人が…	
	多床室を利用した場合	ユニット型個室を利用した場合
施設サービス費の１割	約２万4500円	約２万7000円
居住費	約２万5200円（840円／日）	約６万円（1970円／日）
食費	約４万2000円（1380円／日）	約４万2000円（1380円／日）
日常生活費	約１万円 （施設により設定されます）	約１万円 （施設により設定されます）
合計	約10万1700円	約13万9000円

※個室や多床室などの住環境の違いによって自己負担が変わります

公的介護保険の施設サービス対象・対象外の施設			
	種類	主な入居条件	主なサービス
施設サービス対象	介護老人福祉施設（特別養護老人ホーム）	原則として要介護３以上と認定され常に介護が必要であり在宅では介護が困難な方	できる限り在宅復帰することを念頭に、日常生活上の支援や機能訓練、療養上の世話を行う
	介護老人保健施設	要介護と認定されていて、かつ、病状が安定している方	自宅復帰をめざし、できる限り自立した日常生活を送れるよう、リハビリテーションや必要な医療、介護などを提供
	介護療養型医療施設	要介護と認定され、急性期の治療を終えて慢性疾患などにより長期療養を必要とする方	長期の療養が必要な方の入所を受け入れ、できる限り自立した日常生活を送れるよう、機能訓練や必要な医療、介護などを提供
施設サービス対象外	有料老人ホーム	特になし	①介護付き②住宅型③健康型の３つに大別される。①は要介護認定されていれば、ホームでの日常生活にかかわる介護は、特定施設入居者生活介護（在宅サービス）として公的介護保険の給付を受けられる
	サービス付き高齢者向け住宅		バリアフリー構造や安否確認など、高齢者の受け入れに特化した賃貸住宅。要介護認定されていれば、公的介護保険の在宅サービスを利用できる
	グループホーム	要支援２以上で、認知症のために介護が必要な方	認知症の利用者が、できる限り自立した日常生活を送れるよう、家庭的な環境と地域住民との交流で、生活支援や機能訓練などを行う。５～９人の少人数の利用者が１つの共同生活住居で介護スタッフと生活する
	軽費老人ホーム（A型）	身寄りがない、または家族との同居が困難な60歳以上の、ある程度自立している方	食事提供、生活支援サービスを受けられる
	軽費老人ホーム（B型）		食事提供がないため、自炊ができる方が対象。生活支援サービスは入浴介助、緊急時対応など一部のみ
	軽費老人ホーム（ケアハウス）	身寄りがない、または家族との同居が困難な60歳以上の、自立した生活が送れない方	食事提供、生活支援サービスが受けられる。介護サービスをそなえた「介護型」と外部の介護サービスを利用する「自立型」がある

公益財団法人生命保険文化センター「公的介護保険の『施設サービス』対象・対象外の施設」より作成

公的介護保険の
施設サービスは
対象のところと
対象外のところが
あります

家庭による月額介護費用

費用なし	1万円未満	1万〜2万5000円未満	2万5000〜5万円未満	5万〜7万5000円未満	7万5000〜10万円未満	10万〜12万5000円未満	12万5000〜15万円未満	15万円以上	不明	**平均**
5.2%	4.9%	15.1%	10.2%	13.8%	7.1%	9.8%	3.4%	16.4%	14.1%	**7万9000円**

公益財団法人生命保険文化センター「平成27年度　生命保険に関する全国実態調査」より

【夫が要介護３で在宅介護の場合の生活費】

居宅サービスの１か月あたりの利用限度額

…26万9310円

限度額目一杯かかったとして、支払う金額

…2万6931円（1割負担）

「一般の所得者」世帯の高額医療サービス費の世帯限度額

…4万4400円なので、払戻金はなし

よって月々の生活費は…

30万円−2万6931円＝27万3069円

※購入費、改修費はそれぞれ９割が払い戻される。（くわしくは厚生労働省「介護事業所・生活関連情報検索」を参照）

A）30〜55歳までの25年間の合計貯蓄
…1万7222円×12か月×25年
＝516万6600円
B）55〜60歳までの5年間の合計貯蓄
…3万円×12か月×5年
＝180万円

A）＋B）＝696万6500円

月々1万5000円を金利3%で複利運用で30年積み立てたら将来いくらになる?

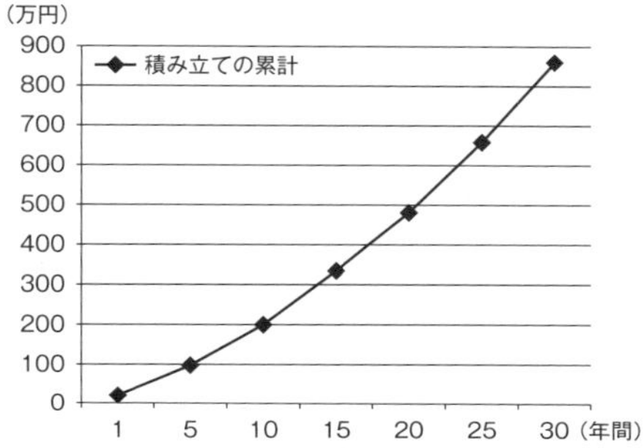

単純な数字では左の計算のようになりますが、社会保障制度、物価上昇、勤務先の制度などの変化に対応するために、お金はさらに貯めて増やしておく必要があります。退職金だってもらえる保証はありません。

《試算条件》独身・勤続年数40年・退職金1000万円
資産運用なし

60歳まで働き86歳まで
月々の生活費15万円で生きるなら？

◎**年金受給額　10万9000円**
（老齢基礎年金6万5000円＋老齢厚生年金4万4000円）

◎**年金がもらえるまでの5年間の生活費**
15万円×12か月×5年間＝900万円

◎**年金をもらってからの年間不足生活費**
（15万円－10万9000円）×12か月＝49万2000円

◎**不足老後資金**
1033万2000円（49万2000円×21年）
＋900万－退職金1000万円
＝933万2000円

ちなみにこれらの計算はインフレなどを考慮していませんのであくまで目安の1つです
IN-FLATION
PRICE
ぐぬぬ
欲をいえば老後資金はもっとあれば安心ですね♡
…あとどのくらい…
最低でもプラス1千万円かな～
ズン
1千万
老後に重きをおきすぎると今の生活がまわらなくなります…
でもね
HPゼロです…
必要老後資金を蓄えても95歳の時点で残高0円だったら？
あ…
95歳以降も生きていたら…
子どもにめんどうかけたくないでしょ？
かけたくないし自分の葬式代くらい残さないと…
だから資金豊かな老後を考えると65歳までがんばって働いてお金を運用!!
お金を育てる！
ネ？
ですねぇ
あはは

ああ〜
老後のイメージ
めっちゃ
疲れました
ハァ〜
早めにイメージできれば
資金をつくる年数が
長くなりますしね
自分の老後の前に
ご両親の介護問題が
出てきますので
覚悟してくださいね
ハイ、
しっかり勉強
できて
よかったデス!
あ〜
覚悟といえば
もう1つ…
マダアル!?
?!
「物」です。介護が
はじまるとまず
思いますよ〜
何でこんなに物が
あるの——って
うっっ
もしやみてました!?
子どもや
孫にとっては
不用品
ですからね〜
なんのこと?
私の母がネ〜
部屋1つがナゾの
物置部屋になる
くらい物をためて
しまってネ
ゲッ
どこも
おなじですネ…
だから物の
整理整頓も
早いうちにネ〜
アハハハ!!
HAHA…
…
ガンバリマス…

エピローグ

人生の後半戦に必要なことは、ひと通り勉強してきたけど
実際にどんな行動をするか、全部自分次第なんだよね！
コマ子にも、カツ代にも、キャリ子にも
それぞれのベストの選択があるんだ。
そして、私自身はどんな選択をしたかというと…！

結婚、出産と子育て、
保険と貯蓄、マイホーム、
キャリア、介護と老後。

LIFE PLAN
START
END

話を聞けば聞くほど不安だらけの
私の人生の後半戦です。

これから必要な資金のことを
考えると正直不安だけど…

それでも自分なりに自分の人生と
向き合えるようになりました

まずはできることからはじめています。
日々の支出を見直し
外食が中心だった生活を
自炊へシフト！
お金ってなんできえてまうの…
ランチは
手づくり弁当！
（できるときだけね）
ウェ〜イ!!
浮いたお金で
定額預金も
はじめました〜♡
通帳
100万円貯まったら
投資で増やせる
ようにしたい…
お金になる木

カツ代はさっそく婚活をはじめました
サッカーみるの好きだし、出会いを求めてフットサルサークルに入りました♡
エヘ〜
運動不足解消にもなるヨ♡
なるほど〜一石二鳥〜！
ホ〜
いい人、いたー？
まだ入ったばかりだからこれからだよ〜
たのしそ〜
くねくね
資格の方は？
勉強ってたのしいネ！
ガンバルゾ〜
まずは学校入学のために貯金もがんばろうと思ってる！
フンッ
私はソムリエの勉強をはじめました…
おお〜!!
定年後も仕事を続けていきたいの！
今からでも副業でやっていけたらいいよね〜！
スゴ〜
みんな自分らしく生きるための活動を着々と進めています

一方私は、二人のように
具体的ではないけれど
将来は人を元気にするような
ことがしたいと思うようになりました
明日もガンバル！
DVD
セラピー
そしてコマ子にも
大きな変化がありました！
同居しちゃおうかなーっと思ってるんだけど、お姉ちゃん異議なし？
異議ないよ！むしろ親の老後を思うとありがたい！
よかった〜家を買うより実家をリフォームして世帯分離で同居にすればいろんな面で負担も減るじゃない？
コマ子がますますしっかり者になってる…ッ！
スゴイっ
だからお姉ちゃんは安心して好きな人と結婚して大丈夫だからねー
う…

結婚して
大丈夫って
いわれてもねぇ
じつは私も、3年つきあっている彼との結婚をだんだん意識するようになりました…
とはいえ彼と結婚の話なんて一切したことがないし…
うう～ん…
今の私には結婚より貯金が優先だよな…
おめでと～
あ 結婚式やってる
…きれいだね…
わぁ～
ナヤ美も着るならドレスがいい？
!!
え？
??
あ
あ
??
うん？うん
ドドドドドドドドドド

思いがけず「女の後半戦」の1つの節目が
間もなくやってきそう!
ですが、夫婦の老後まで見据えたライフプランを
しっかり立てていこうと思います…!!

この本を読んでくださったみなさまにとって
人生を考えるきっかけや日々の暮らしを
堅実に生き抜くヒントになれば
うれしく思います

〈著者紹介〉
Eika(えいか)　イラストレーター。1985年生まれ、神戸在住。ニューヨークのSVA卒業。本作で初めて全編イラストを担当する。映画が大好き。
HP　http://www.eikaweb.com

GENTOSHA

30歳からの人生設計
女の後半戦
2018年4月20日 第1刷発行

著　者　Eika（イラスト）
　　　　白河桃子、芳川幸子、吉野一枝（監修）
発行者　見城 徹

発行所　株式会社 幻冬舎
　　　　〒151-0051 東京都渋谷区千駄ヶ谷4-9-7

電話:03(5411)6211(編集)
　　03(5411)6222(営業)
振替:00120-8-767643
印刷・製本所:中央精版印刷株式会社

Printed in Japan
ISBN978-4-344-03288-0 C0095
幻冬舎ホームページアドレス　http://www.gentosha.co.jp/

この本に関するご意見・ご感想をメールでお寄せいただく場合は、comment@gentosha.co.jpまで。